JN203287

わが人生 14

◉学校法人柏木学園学園長
柏木照明

学ぶ力 働く力 生き抜く力

教育功労者として勲五等双光旭日章を
受章した筆者＝2001年

校舎の変遷

昭和21（1946）年「珠算研究柏木塾」創立当時の校舎
（高座郡大和町深見2874）

昭和28（1953）年
「柏木簿記珠算学校」
木造２階建て校舎完成

昭和45（1970）年
「柏木実業学校」鉄
筋コンクリート３階
建て増築

木造校舎を解体し、昭和49（1974）年、同地に「柏木実業専門学校」鉄筋コンクリート３階建て校舎落成
（大和市大和南1-16-23）

昭和61（1986）年「柏木実業専門学校」第２キャンパス校舎完成
（大和市深見東1-1-9）

平成21（2009）年、耐震工事をした「柏木実業専門学校」

平成21（2009）年「大和商業高等専修学校」校舎完成
（大和市深見東1-1-9）

昭和49（1974）年に建った校舎を解体し、同地に平成23（2011）年「柏木実業専門学校研修センター」完成
（大和市大和南1-16-23）

平成８（1996）年完成の「柏木学園高等学校」１号館（左）
平成11（1999）年完成の２号館（中央）と３号館（右）
（大和市深見西4-4-22）

平成18（2006）年完成の
「柏木学園高等学校武道場」

平成25（2013）年完成の
「柏木学園高等学校総合体育館」

平成3（1991）年
「都筑ヶ丘幼稚園」
開設
（横浜市都筑区
川和町2699）

平成15（2003）年完成の
「都筑ヶ丘幼稚園」園舎

正面玄関

園舎と園庭

教職員

令和３（２０２１）年

学園本部職員

柏木学園
高等学校職員

柏木実業専門学校職員

研修センター職員

大和商業高等専修学校
職員

都筑ヶ丘幼稚園職員

カルチャーセンター
ヤマト保育園
職員

思い出のページ

昭和21(1946)年〜昭和31(1956)年(10周年)

昭和30(1955)年　相模女子大学中学部の教職員
(前列左から１人目が筆者)

昭和30(1955)年
足柄山の金時娘と

昭和31(1956)年　授業風景
(前に立っているのが筆者)

昭和31(1956)年　東京珠算連盟の役員会に出席
(右から２人目が筆者)

昭和36（1961）年　柏木簿記珠算学校同窓会結成大会
（前列右から３人目が筆者）

昭和37（1962）年
初めて購入した車と写る家族

昭和38（1963）年
ドライブを楽しむ筆者

昭和42（1967）年～昭和51（1976）年（30周年）

昭和45（1970）年
神奈川県内専門学校生の
大阪万博見学に引率する
各校長
（左から２人目が筆者）

昭和48（1973）年
柏木学園幼稚部入学式
並始業式
（後列右から２人目が
筆者）

昭和48（1973）年
湘南珠算連盟
優良生徒表彰式・
創立25周年
記念式典
（前列右から
５人目が筆者）

昭和58（1983）年
富士山五合目小御嶽神社において母と筆者

昭和59（1984）年　ロサンゼルス海外研修旅行へ
羽田空港出発ロビーにおいて（前列中央が筆者）

昭和60（1985）年
専修学校教育の振興に寄与したことによる文部大臣表彰受賞祝賀会
（前列右から４人目が筆者、３人目が妻、２人目が理事長）

昭和62（1987）年～平成8（1996）年（50周年）

平成２（1990）年
神奈川県民
功労者表彰

平成３（1991）年　都筑ヶ丘幼稚園創設時の教職員（前列右から３人目が筆者）

平成3（1991）年
神奈川県専修学校各種学校協会創立30周年記念祝賀会において挨拶する筆者

平成6（1994）年
全国高等専修学校体育大会において挨拶する筆者

平成８（1996）年　柏木学園創立50周年記念式典・柏木学園高等学校開設披露祝賀会（前列左から４人目が筆者）

左･土屋元大和市長、
中央・筆者、
右・小田切元大和商工会議所会頭

平成８（1996）年
藍綬褒章受章記念祝賀会
（筆者と妻茂登子）

平成8（1996）年　迎賓館赤坂離宮において（左から２人目が野並元崎陽軒会長、３人目が筆者、右から４人目が石渡元参議院議員、１人目が對馬元横浜商工会議所会頭）

平成10（1998）年
水戸において関東地区私立学校審議会開催
（右から２人目が筆者）

平成11（1999）年
全国私立学校審議会
連合会総会
（左が鵜川元桐蔭学園理事長、右が筆者）

表彰状

柏木照明殿

あなたは長年私立学校審議会委員として私立学校の振興発展に尽力し多大の功績を挙げられましたよって その功をたたえてここに表彰します

平成十二年十一月十日

文部大臣 大島理森

平成12（2000）年
私立学校審議会功労者として文部大臣賞受賞

文部大臣賞受賞祝賀会で来賓挨拶をする中込元東京都専門学校協会長

平成13（2001）年
大和市珠算連盟優良生徒表彰式
（左から５人目が筆者）

平成13（2001）年
勲五等双光旭日章受章
伝達式場前において

皇居において文部省関係
の叙勲者
（前列左から４人目が筆者）

叙勲記念祝賀会において
筆者が獅子舞に祝い品を
差し上げている

田沼元神奈川県私学連合会長
と懇談

平成15（2003）年
都筑ヶ丘幼稚園新
園舎落成祝賀会で
挨拶する筆者

平成19（2007）年〜平成29（2017）年
（平成28（2016）年70周年）

平成20（2008）年
左右端が大和ドレメの
片山夫妻、右から２人
目が大木大和市長

平成21（2009）年
高千穂神社参拝
（左・後藤宮司、右・筆者）

平成25（2013）年
柏木学園総合体育館
竣工式
（右から５人目が筆者）

平成26
（2014）年
大和税理士会
の方々
（中央が筆者）

平成27（2015）年
中学時代の同窓会
（前列左から２人
目が筆者）

平成28（2016）年
黒岩知事を囲む会
前列右から１人目 大谷学園 大谷理事長、２人目 黒岩神奈川県知事、３人目 工藤神奈川県私立中学高等学校協会会長、４人目 筆者

平成28（2016）年　学校法人柏木学園　創立70周年記念式典・記念祝賀会において役員一同（左から１人目が筆者）

旅の思い出（北海道～沖縄）

北海道　小樽　平成20（2008）年

北海道　函館
天使の聖母トラピスチヌ
修道院において

秋田県　田沢湖
平成14（2002）年

宮城県　鳴子温泉 かんけつ泉
平成12（2000）年

岩手県　北上川のほとり
平成14（2002）年

群馬県　万座高原
（秩父夜祭へ行った際の宿泊地）
平成17（2005）年
（片野常務理事夫妻と）

長野県　小諸城址懐古園
平成21（2009）年

長野県　妻籠宿
平成19（2007）年

静岡県　法多山尊永寺
平成22（2010）年

静岡県　御殿場
平和公園仏舎利塔

京都府　善峯寺
平成13（2001）年

岐阜県　白川郷
平成18（2006）年

福岡県　大宰府天満宮
昭和63（1988）年

香川県　小豆島　国立公園寒霞渓
平成20（2008）年

徳島県　恩山寺　平成3（1991）年

熊本県　雲仙天草国立公園
天草五橋
平成15（2003）年

鹿児島県　指宿　砂むし温泉
平成18（2006）年

鹿児島県　屋久島　紀元杉
平成20（2008）年

沖縄県
那覇福州園
平成14
（2002）年

目　次

初版は神奈川新聞「わが人生」欄に２０１７（平成29）年６月１日から８月31日まで、64回にわたって連載されたものに加筆・修正しました。

第２刷は18（平成30）年７月20日にさらに加筆・修正して発行しました。

第３刷は１９７６（昭和51）年から毎年仕事始めの日に教職員に向けて贈っていた「年頭の誓いの言葉」を増補しました。加えて「感動を受けた出会いの言葉」とその年々のスナップ写真、および年表も併記しました。

第４刷は教職員の写真を新しく差替え、付録のページを増補しました。また、「柏木学園総合発展計画21」に第５期事業計画を加え、さらに「年頭の言葉」と「年表」に平成31年（令和元年）と令和２年を追記しました。

本書は第５刷です。教職員の写真を新しく差替え、「年頭の言葉」と「年表」に令和３年分をそれぞれ加えました。

付録の目次

学園内には、数を楽しむ事典研究会が平成31年４月より設置されています。数を楽しむ研究（第１巻）は、『数字を使った名字（姓）の調査研究』と題して令和２年４月に神奈川新聞社製作で発行しました。現在、数字を使った熟語（第２巻）と数字を使った慣用句・ことわざ（第３巻）を調査研究しています。

第1章　そろばんとの運命的な出会い

実業教育　力注ぎ70年

私が学園長を務める学校法人柏木学園は2016年、創立70周年を迎えました。これも開校以来、長い年月にわたって本学園教職員をはじめ、関係各位の皆さま、社会の各分野で活躍されている同窓生などの支援のたまものと、感謝にたえません。

柏木学園は現在、大和市内に柏木学園高等学校、柏木実業専門学校、大和商業高等専修学校、横浜市内に都筑ケ丘幼稚園の四つの教育機関があり、約2千人の生徒・園児が学んでいます。これまで学園全体で約6万8千人の卒業生を送り出しています。

戦後の混乱が続く1946年、大和市に「経営経理研究所珠算研究柏木塾」（以下・柏木塾）を開設して以来、一貫して「社会に貢献できる人材育成」を教育方針に掲げ、地域に根差した教育を実践してきました。

私立学校には、ものごとにしばられず、時代や社会の変化に柔軟に対応できる良さがあります。そんな特長を生かした教育の実現を目指してきました。

かつて高校教育は農業、商業、工業など職業に直結し、日本のものづくりの伝統を支えてきました。本学園は当初から実業教育に力を注いできました。やがて高度経済成長の時代になると社会は、広範な知識や能力を持つ「ゼネラリスト」をより多く求めるようになりました。大学進学が自己実現への道と思われるようになったのです。

そして今、日本経済が曲がり角にきて久しく、私は実業教育がもっと重要視されていいと考えています。より早い年齢から職業を意識した教育をすることが、社会貢献の第一歩ではないかと思うのです。

同時に、地域のリーダーになるべき人材を育てたいという夢もありました。早い時期から人格形成の基礎づくりをする機会と環境を提供したいと、幼稚園と全日制高校を開設しました。

近年は少子高齢化の加速やIT化の進展に伴う産業・技術の進歩、職業構造の急激な変化が起きています。そこで新たな教育方針として「グローバル人材の育成」を掲げています。

私は今年で88歳ですが、「未来を考えない者には未来はない」という信念を持っています。未来とはつまり、夢です。

私自身の夢の出発点になったのは小学3年生で始めた「そろばん」でした。これまでの人生を振り返ってみると、まさしく運命的な出会いでした。

私を導いてくれたのは、父母であり、家族、友人、教育・政治・経済界などの恩師や先輩であり、神奈川県の大和地域の人々でした。そして祖先の縁も強く感じています。

この素晴らしい大切な出会いをいただいて、80有余年にわたる人生を幸せに過ごしてきたと思っています。出会いは一生の宝であり、深く感謝しています。

年4回は一族で墓参

「祖先は自分の中に生きている。祖先の徳に感謝しよう」わが家の家訓の一つです。

墓参りは暮らしの一部となっています。墓は小田原市城山の宗圓寺《そうえんじ》（曹洞宗）にあり、柏木家の初代から9代までの先祖が眠っています。墓誌によると初代は1766（明和3）年に亡くなっています。江戸後期、10代将軍徳川家治の時代で、後に側用人となる田沼意次が権力を握ってきた頃のことです。

屋号は「大津屋」。柏木姓のルーツが近江国甲賀郡柏木荘（現滋賀県）が起源であることからも、同地から小田原に出てきたと推察しています。初代の戒名を見ると、学問を教える人だったようです。

10代目からの墓は、平塚市幸町の海寶寺《かいほうじ》（浄土宗）にあります。10代目の卯吉は私の祖父に当たります。どんな用件で平塚を訪れたのかは不明ですが、須賀村に住む後藤源助に気に入られ、その三女ワクと１８８２（明治15）年に結婚しました。後藤家は庄屋で、「丸源」という商号で商いをしていました。卯吉は義父から土地約３００坪（約千平方メートル）、家、墓地の贈与を受け、小田原から平塚に居を移したのです。

卯吉は千葉から落花生を仕入れ、いり豆などに加工して販売する商売を始めます。私は生前の祖父卯吉とは会えませんでしたが、１９３６（昭和11）年まで生きた祖母ワクの記憶は、おぼろげながらあります。海寶寺には祖父母、叔父、両親、私の兄弟姉妹が眠っています。

二つの墓地への墓参りは毎年、春の彼岸、お盆、秋の彼岸、そして12月暮れの年４回、一日がかりで出かけています。私と妻の茂登子をはじめ、３人の子ども夫婦、孫、ひ孫まで含めた総勢16～20人。一族総出の一大イベントです。

車４台を連ねて、まずは藤沢の大庭台墓園へ。生前、珠算教育のご指導をしていただくなど大変お世話になった川村貫治先生と、妻の弟の墓にお参りします。次に茅ケ崎にある愛犬の墓に寄ってから、平塚の海寶寺でお参りを済ませた後、隣の長楽寺にある母の実家と妹夫婦の志水和雄、ヤス子の墓に行きます。そして小田原の宗圓寺に移動。最後に箱根

小田原の宗圓寺に眠る柏木家初代～９代の祖先の墓前で。左から
廣沢康雄住職、筆者、妻茂登子＝2017年５月、小田原市城山

の早雲寺に眠る柏木学園の役員でもあった私のいとこの墓を訪ねます。

お墓は全部で36基。きれいに掃除をし、お花を手向けて線香をあげます。私は、一人一人に「元気にやっています」「ひ孫が生まれました」とはっきりと声を出して報告しています。

墓参りが済むと、全員そろって日帰り温泉へ。遅い昼食をとりながら湯を楽しむのですが、孫やひ孫の目当てはむしろ、こちらです。それでも幼い頃から習慣にしておけば、成長した時にお墓参りを忘れないと私は思っているのです。

年４回以外にも私たち夫婦と長男夫婦は、毎月１日と15日前後に、平塚の海寶寺にお参りしています。祖先を敬うのは、私の成育環境と大いに関係していることでもあります。

子らを失う親の嘆き

私の父・柏木忠治は卯吉、ワク夫婦の次男として、1891年に生まれました。8歳年上の長男源太郎が24歳で病死したため、卯吉が起こした落花生の食品加工業「豆忠」の後継ぎとなります。

24歳の時に平塚町須賀（当時）在住で2歳年上の田中カノと結婚。同年、卯吉は60歳で亡くなります。父は豆忠の商売が物足りなかったのか、店を弟の精一に譲って、横浜で新たな生活を始めました。

1859年に外国に門戸を開いた横浜港は、西洋諸国との貿易で栄えます。父が横浜に出た大正時代は、新港埠頭《ふとう》や赤レンガ倉庫など港湾施設の拡充が積極的に行われていました。聞いた話によると、父は英語学校に入り、貿易関係の仕事に携わったようです。当時の父の様子は残念ながら詳しくは知りません。

私は1929年11月、現在の横浜市西区久保町で生まれました。6人きょうだいの三男ですが、15年生まれの長兄は21歳で亡くなり、次姉が3歳、次兄が2歳と私の誕生前に早世しています。7歳の時に男児は私だけになっていました。さらに生まれる前に亡くなったきょうだいが、ほかに3人いたといいます。

わが子の死が重なり、両親はとても嘆きました。その悲しみが、父が宗教に関心を持つきっかけの一つになったと後年、知りました。私が物心がついた時には、神道系の神習教の教師をしていました。幼い頃の私の記憶にある父は、住民の依頼に応じて、建前（上棟式）や地鎮祭などで祝詞をあげている姿です。

また、父は生まれた年月日の九星と干支《えと》、五行を組み合わせた占術である九星気学を研究していたこともあって、家に相談に来る人々もよく見かけました。

両親の悩みは、私が幼い頃から病弱だったこと。二度と悲しい思いをしたくなかったのでしょう。父は九星気学で吉方位を求め１９３６年、引っ越しを決めました。私が横浜市西前尋常高等小学校1年生の1学期を終えた時です。2学期に神奈川区に転居し、青木尋常高等小学校に転校しましたが、なかなか溶け込めません。青木小は勉強熱心で、ついていくのが大変だったと記憶しています。

一方、西前小では伸び伸び育てばいいという教育方針でした。自宅は国道1号のそばにあり、正月は箱根駅伝を応援したり、東海道線で事故が起きた時は、線路脇まで見に行ったりした覚えがあります。また、横浜市電の久保山線に乗って藤棚まで行くのが楽しみでした。その交差点は五差路で商店がにぎやかに立ち並び、中でも書店の第七有隣堂や近所にあった映画館は懐かしく思い出します。

正直に言えば引っ越しはしたくなかったのですが、父の決定に母もうなずき、姉貞子や私も文句を言うことはありませんでした。

私は病弱だったので、野山を駆けまわるタイプではなく、近所で除隊してきたお兄さんや、向かいに住むおばあさんに遊んでもらっていました。

ぜんそくで学校休む

小学校1年生の2学期を終えると、父の九星気学により、冬休みに横浜市神奈川区から鶴見区潮田町に引っ越しました。転校先は下野谷尋常高等小学校で3学期からの転入です。同校は1936年に開業して間もない鶴見臨港鉄道の「工業学校前停留場」（43年、国鉄鶴見線「鶴見小野駅」に改称）の近くにありました。

今度の自宅は日本家屋の一部が西洋風の建物になっているしゃれた家でした。鶴見には父を訪ねてくる人が増えていました。

私にとっては過酷な環境に変わりました。埋め立てて造成された一帯は、煙の都といわれるほど、工場群から吐き出されるガスやばい煙、排ガスにより、小児ぜんそくを発症してしまったのです。

家の窓を閉め切っても粉じんは入ってきます。特に季節の変わり目と湿気が大敵でした。それでも日中は呼吸が比較的楽にできるのですが、夜になると空中に浮遊していた粉じんが下に沈殿してくるので、度々発作が起きました。私は苦しみで何も考えられず、周りの家族も眠れないほどでした。発作のたびに往診を頼みます。当時の医師は人力車に乗って来ました。

私は「京浜ぜんそく第1号」などと言われながら、何軒もの医院を回りました。最後に行ったのが鶴見の總持寺の近くにあった渋谷病院でした。この院長先生がぜんそくの治療薬を独自に研究していて、私は実験台のように注射を打たれました。打たれすぎて上腕の筋肉がダメージを受けたほどです。後に中学校の鉄棒で懸垂ができずに困ったという思い出があります。

こんな調子ですから、ほとんど学校に通えませんでした。運動会は参加したことはなく、遠足は3年生の時に鎌倉の鶴岡八幡宮に一度行ったきりです。

真夏でも分厚いセーターを着て、頻繁に医者通いをしている私を、近所の人が見て「かわいそうに、あの子は20歳まで生きられないだろう」とうわさしていました。私自身の耳に入るくらいですから、当然母も知っていたでしょう。

私の名前はきょうだいで唯一、神習教の館長に付けてもらいました。それだけに母は大事に育て、死なせてはならないと使命のように思っていたようです。栄養価の高い食べ物や効能のありそうなギンナン、イナゴ、蜂の子などの食材を懸命に調達してきました。あるときは東京湾の扇島付近で釣れたというウナギを手に入れてきました。大変太く、耳のあるようなウナギで、私は蒸して落とした脂を飲ませられたものです。

食べ物だけではありません。ぜんそくに効くと聞けばさまざまな薬をどこからか手に入れてくれました。

また、せきやぜんそくに霊験があるとされる佐奈田霊社に度々出掛けていました。霊社は東海道線の早川駅と根府川駅の中ほどにある小田原市の石橋山古戦場にあります。母は一日がかりでお参りに行ってくれました。その縁で1986年、ここに「そろばん塚」を建てさせていただきました。

運命変えたそろばん

私は毎日、夜になると悪魔がやってくるような気分に陥りました。どうしてこんなに苦しいのか。心中はそればかりで、気持ちを紛らわせるようなものは何一つありませんでした。ぜんそくのため、子どもの足で30分かかる小学校にほとんど通えません。両親は担任の先生に相談し、自宅の裏にあったそろばん教室「専攻速算塾」に通うことになりました。1938年、小学3年生の時です。

室町時代、中国から入ったそろばんが庶民の間に普及したのは江戸時代です。商人、武士をはじめ、商家の多い地域ではそろばんを教える寺子屋もたくさんありました。そろばんが学校教育の必修科目になったのは、私がそろばんを習いはじめた頃と重なります。

毎日、1時間程度の習い事は、体にそう負担はかからないだろうとの大人の判断でしたが、私自身は生きる希望を与えてもらい、運命が変わったのです。

そろばん教室には年齢や学年は関係ありませんが、小学3年生の私は一番年下の方でした。毎月行われる試験の成績で初等科・中等科・高等科のクラスに分けられ、クラスが上がるにつれ、開始時間も遅くなります。最初はもちろん初等科クラスでした。「願いましては～1円ナリ、5円ナリー…」と先生が読み上げる声で、そろばんの珠《たま》をはじいていきます。すぐに夢中になりました。月曜から土曜日までほとんど毎日、教室に通いました。

そのおかげかそろばんの腕も上達しました。気がつくと横浜市立商業学校（現市立横浜商業高校）や日本大学第四商業学校（同日本大学高校・中学校）、横浜女子商業（同中央大学付属横浜中学校・高校）など商業系学校のお兄さんお姉さんと机を並べるまでになりました。当時の私から見れば「大人」の彼らと一緒にそろばんを競う喜びは、例えようもありませんでした。

相手より少しでもできるものがあれば、なおのこと楽しく、やる気が出ました。向上心に目覚めたものの、冬になると暖房がないため、手がかじかみます。そればかりか、しもやけで指が2倍くらいに腫れてしまい、珠をうまくはじけません。それが悔しくて懸命に考えた結果、暗算なら指は関係ないと思いつき、その後は暗算一直線でした。

11歳で日本商工会議所主催の3級の検定試験を受けました。会場は東京帝国大学（現東京大学）。意気揚々と出かけたところ、まずは長いひだのスカートをはいた東京の女学生たちに圧倒されました。私はといえば長ズボンに高げたですから、恥ずかしくなって、顔が紅潮してしまいました。また、試験が終わったときに彼女たちの声が聞こえました。「あなた、割り算、難しかったわね」「ええ、わたくしはできませんでした」「この次は頑張りましょう」「そうですわね。ごきげんよう」……。私はそんな言葉を使ったことがありません。カルチャーショックです。試験は散々の出来でした。翌年に捲土《けんど》重来を期したのです。

専攻速算塾の指導部の仲間と花月園へ。前列左が筆者。2列目中央が恩師の高橋三郎先生＝1940年ごろ、横浜市鶴見区

親の郷里　平塚で保養

痩せていて、いつも青白い顔をしていた少年時代。両親は私が小学4年生の夏休みに、平塚に保養に行かせました。平塚は父母の生まれた故郷です。親戚も多く住んでいました。

1939年夏、父母それぞれの親戚宅に泊まって20日間ほど過ごしました。親元を離れる寂しさよりも、私は緑豊かな自然の中で、思い切り深呼吸できる喜びの方が大きかったのです。もともと、学校の友達はほとんどいませんから、一人遊びも平気でした。平塚では昼時になると家に戻ってきて食事をする以外、近くの川や野原で遊んでいました。とにかく楽しかったのです。

母の親戚の家に泊まっていたある日、相模川にかかる湘南大橋の下へ釣りに出掛けました。当時の湘南大橋は36年、平塚の須賀と対岸の茅ケ崎市柳島とを結ぶために架けられました。鉄筋コンクリート造のゲルバー桁橋で、橋長661メートルと県内最長でした。その開通式には藤沢の鵠沼に別荘があった広田弘毅首相（当時）が出席したと記録されています。ちなみに現在の2代目湘南大橋は全長698メートルで、86年の完成です。

私はエサを付けた糸を垂らしていると、地元の子どもが近づいてきました。

「おまえ、どこから来た」「僕？　横浜からだよ」

するとその子は「おおい、みんなちょっと来いよ」と少し離れた仲間の子どもたちに向かって叫びました。「こいつよう、横浜から来たんだってよう。自分のこと僕と言ったぜ」

「何だって、『僕』だぁー？」と、私は口々にはやし立てられました。

思いがけない展開に、殴られるのではないかと身構えたら、「何か釣れたか」と聞かれました。どうやら「僕」という言葉に驚いただけのようでした。

「何も釣れない」と答えると、「じゃあ、教えてやるよ」と、エサの付け方や浮きから針までの長さなど丁寧に教えてくれました。その通りにして釣り糸を垂らすと、すごい当たりが来ました。夢中で引き上げると特大のナマズです。あの重さの感触は、しばし忘れられませんでした。

また、父方の親戚宅である時、落花生畑で網を持ってトンボを追いかけていると、長ズボンをはいている太ももに激痛が走りました。泣きながら叔母のところに飛んで帰ると、「落ち着いて、ズボンを脱いでごらん」と言われて、足元まで下ろすと、ブーンと蜂が飛び出していきました。叔母は桃の葉を摘んできて、刻み、刺された場所にすりつけてくれました。

残りの1週間は静岡の熱海で家を借り、食事は用意してくれる家で取るなど、いとこたち3、4人で過ごしたのもよい思い出です。

夏休みの体験は、私の体と心の〝栄養〟となりました。両親も私の様子を見て同じように思ったのでしょう。以来6年生までの夏休みは毎年、平塚で過ごすようになりました。

振り返れば最後の、のどかで平穏な日々でした。

草津へ冒険の一人旅

少しずつ健康を取り戻してきた私は1941年、小学6年生の夏に冒険の一人旅に出ました。父が滞在中の群馬県の草津温泉に合流しようというものです。

自分の体力を試したい気持ちと、見知らぬ場所に行きたいという私の意欲を、母が後押ししてくれました。父が2、3日後に鶴見に戻るという日、私は母に電車賃をもらい、父には何の連絡もせず訪ねていきました。宿泊している旅館名は分かっていました。

朝、最寄りの駅から鶴見駅、そして上野駅へ。上野駅で駅員に聞いて乗り換え、軽井沢駅まで行きました。そこから草軽電気鉄道（現在は廃線）に乗り込みました。この時点で夕方の5時です。

草軽電鉄は、草津と軽井沢を結ぶ高原列車です。山岳地帯を走るのですが、トンネルはありません。建設費用を抑えるためだといわれています。そのため山の縁を走って行くので、急勾配やスイッチバックがいくつもありました。

勾配がきついところではブレーキがかかり、そのたびに「キキキ」とレールと車輪がきしむ音がしました。電気鉄道と呼ばれていましたが、木炭をたきながら走っていました。車内は向かい合う席の人と膝と膝がぶつかり合うぐらい狭く、しかも乗客の半分くらいは大柄な外国人だったので、余計に狭く感じました。

55・5キロを2時間半以上かけて草津温泉駅に到着。辺りはもう暗くなっていました。改札を出ると、旅館の客引きたちが旗を持って口々に呼び掛けます。

「ぼうや、うちの旅館に泊まらないか」と一人の客引きが近寄って声を掛けてきたので「いいえ、泊まる旅館は決まっています」と答え、私の泊まる「かしわや」旅館の場所を教えてもらいました。その受け答えを私は、ことのほか落ち着いてできたと思います。

一人で「かしわや」に着き、番頭さんに父の部屋を教えてもらい、2階の部屋に入ると、父は目を丸くして「照明、いったいどうした?」。

父の声と驚いた様子の表情に、一気に気持ちがほぐれました。やはり道中は相当緊張していたのでしょう。一人でこんなに長い距離を汽車に揺られるのは初めてでした。

「かしわや」の夕食は麦が7割入ったご飯でした。鶴見ではそういう麦飯を食べたことがなかったので印象に残っています。温泉にも入りました。大変熱いお湯で、のぼせそうになったのを覚えています。

翌日、父が草津の町を案内してくれました。中心部にある湯畑、女の人が歌を歌いながら湯をもむ様子を目にしました。今でも草津の観光名物です。また、雑木林の中の登山道を歩いて出合った嫗仙《おうせん》の滝には感動しました。

草津温泉の嫗仙の滝の前で、同宿の家族と一緒に記念撮影。後列中央が筆者、同左が父忠治
＝1941年、群馬県

そして、父と一緒に鶴見に帰ってきました。この冒険旅行は私にとって、少しばかり自分に自信が持てた時間になりました。

その年の12月、日本は太平洋戦争に突入します。

珠算教師になる誓い

小学6年生になった1941年春、学制変更で「尋常小学校」は、「国民学校」と名を変えました。当時は国民学校の初等科卒業後に高等科で2年間学ぶ課程がありました。一方、成績優秀者の中には初等科卒業後、中学校を受験する子がいました。初等科卒業を間近に控えた頃、私の進学を巡る〝会議〟が開かれました。自宅に父の弟、母の弟も集まり、担任の牛窪全浄先生にも来ていただきました。

病弱だった私は欠席ばかりしていたので、両親は6年生をもう1年やらせたい考えでした。私が進学するには体力的にも学習面でも不十分と考えていたようです。牛窪先生は父の話を聞き、「照明君は卒業して大丈夫ですよ。高等科に行きなさい」と進学を勧めてくださいました。こうして私は牛窪先生と家族の温かい励ましを受けて、鶴見国民学校の高等科に進学することになったのです。

高等科で「簿記」と出会ったことは、私の大きな希望となりました。簿記の有用性を知ることで、そろばんの必要性を初めて理解できたのです。それまでは正確に速く計算できればよいというだけで、何のために使うか見当がつきませんでした。それが珠算は計算手

下野谷小学校の先生方。担任の牛窪全浄先生（２列目右から３人目）には大変お世話になった＝1941年ごろ

段であり、それを簿記や会計という他の学科に活用することに意義があると、生意気にも雑誌に投稿し、掲載されたこともあります。

私は好きでやってきたそろばんを通して社会の全体構造が直感できたような気がしました。珠算教師を一生の仕事にしようと心に誓ったのです。

私の体は毎日の通学で徐々に丈夫になっていきました。学校と並行してそろばん教室にも継続して通っていました。高等科に入った頃から、自分のクラスの開始時間より前に行き、掃除。そして、初等科の子でわからない子がいれば、教えるように先生に仰せつかっていました。「指導部」の仕事です。その中では最年少だったため、先輩が食事に連れて行ってくださるなど、大変かわいがってもらいました。

高等科2年を終えたら、師範学校（2年間）を目指そうと考えました。教員養成の学校です。師範学校の教育課程は、旧制中学校程度の教育に加え、倫理・教育・心理を課し、さらに3カ月以上の教育実習を行います。

その気持ちが揺らぎ始めたのは高等科1年の後半になったころです。高等科には中学校受験に失敗した生徒もいました。彼らの再受験する話が耳に入ったのです。それを聞いているうちに、私も受験したくなりました。それでも半分は諦めていました。小学校以来の出席日数が足りておらず受験資格がないと思い込んでいたのです。

先生に相談すると「受験できる」と答えてくださいました。案ずるよりも産むがやすしとはこのことです。私は珠算と簿記をさらに学ぼうと、日本大学第四商業学校（現日本大学高校・中学校）を受験し、合格しました。１９４３年のことです。

大学にらみ中学編入

日本大学第四商業学校（四商）は現在の横浜市神奈川区の大口駅近くにあり、同じ敷地内に日大第四中学校（四中）もありました。自然と中学校の学習内容を知ることになり、14歳の私にはそれが魅力的に思えました。「もっとしっかり勉強して大学進学を目指したい」。両親も認めてくれて私は1944年、四中に編入できました。

戦争が日本本土にも暗い影を落としていた頃です。四商と四中の校舎の中間に、陸軍の現役将校と軍事教官が5人、配属されている「教官室」がありました。当時、中学以上の学校には原則、軍事教官が配置されていました。

軍人はサーベルやピストルを下げ、私たちに軍人勅諭を暗唱させ、銃剣術などの軍事教練を行いました。戦闘帽をかぶり、ゲートル（脚半）を巻き、また持ち物にはすべて名札を付けました。朝礼のときはゲートル検査を受けます。軍事教官は私たちを立たせ、足に巻いたゲートルの名札が側面にピタリときているかチェックします。足に巻いたゲートルをほどいて、くるくる巻く訓練もありました。整え巻いたゲートルを空に投げ、落ちてきたときに少しでも崩れていれば、ビンタが待っていました。

戦後間もない頃、日本大学第四中学校の制服を着て写真に納まる筆者（中央）＝1943年

私たちは彼ら軍人に対してだけでなく、上級生に対しても敬礼が義務づけられていました。校外で会ったときにも、停止して敬礼しなければなりません。こちらが2人以上だった場合は「歩調を取れーっ」「かしら、右」と号令をかけて敬礼するのです。

私は国民学校の高等科に1年通ったので、上級生には小学校時代の同級生もいます。もちろんこちらが先に礼を尽くさねばなりません。当時、悔しかったことの一つでした。

戦況は日増しに悪化していきます。本土空襲が始まり、灯火管制が行われました。そのため、そろばん教室はやむなく休業状態になっていました。

前年の四商時代に私は、全国中学生珠算

大会の暗算部門で優勝することができました。一題ずつの勝ち抜き方式で、計算を間違えると負けとなります。決勝戦の相手は女子学生。5ケタの足し算、引き算の暗算競技でした。

子どもの頃に身についた技能は衰えません。今、日本一になる子どもは7ケタ、8ケタまでの暗算をこなします。私は今でも5ケタの暗算はできます。頭の中にそろばんの珠《たま》が入っているからで、電卓よりも速いと思います。優勝したことを私は学校には報告しませんでしたが、そのうち知られてしまいます。これが後に、私の身を助けてくれることになるのです。

体育の授業では、鉄棒の懸垂が一回しかできません。腕にぜんそく治療の注射をしすぎたせいで、筋肉が損傷していたのです。「なんというざまだ!」。軍事教官に何度も怒鳴られました。その様子を見ていた担任の吉野良太先生が、私の事情を説明し、その場を収めてくださいました。それればかりか、珠算の腕を進言されていたのです。

珠算がわが身助ける

私が学んだ日本大学第四中学校(現日本大学高校・中学校)では、過酷な軍事教練も行われました。夏は水泳です。現在の横浜市金沢区にあった富岡海岸に連れて行かれました。

現在は埋め立てで工場や住宅になっていますが、当時は白砂青松の素晴らしい海水浴場でした。明治期の宰相伊藤博文や、松方正義、井上馨ら中央政界の大物たちの別荘があったといいます。

海岸に着くと、泳げる者と泳げない者に区別されました。私を含め泳げない者はまず泳ぎの型を教わり、砂浜に腹ばいになって型通りにしばし体を動かすと、次は船に乗り約100メートル沖合へ。そこで私たちはいきなり、一斉に海に突き落とされました。船につかまろうと必死に手足をばたつかせて近寄ると、オールで突かれて追い払われます。スパルタ教育とはこのことです。が、この一度の教練で泳げるようになりました。

また、富士山麓の滝ケ原にあった陸軍演習場での2泊3日の軍事演習は、自分の限界との闘いでした。帰りは汽車でしたが、行きは横浜から藤沢まで徒歩行軍でした。時折「敵、前方に現る。伏せ！」と命令されると、土ぼこりの立つ道路に伏せてほふく前進です。

藤沢からは汽車でしたが、配給された学生服は、既に肘の部分がぼろぼろでした。米袋のような生地で作られた軍服のような学生服ですから、致し方ありません。乗車前、藤沢市内の遊行寺で30分程度の小休止が与えられました。私たちは喉がカラカラに乾き切っていました。境内にある井戸水を皆で飲んだら、水がなくなったほどでした。

富士山の麓での軍事演習に参加した同級生と軍事教官ら
＝1944年ごろ

富士の演習は兵舎で寝起きします。夕食は確か高粱《コーリャン》米のカレーでした。兵舎にある食器はアルミ製と陶器製が入り交じっていました。私には陶器製の食器が割り当てられました。食後、真っ暗な洗い場で、級友が洗っていた食器とぶつかって、私の食器が割れてしまったのです。

私は立ちすくみました。「相当殴られるに違いない」。それまで「銃の扱い方がなっていない」、夜中に起こされ「身支度が遅い」などの理由で殴られてきたことが頭から離れません。しかし、悩んでみても私には何の策もありません。私は覚悟を決めて恐る恐る軍事教官の部屋を訪ねました。

部屋にいたのは陸軍中尉でした。「柏木、

どうした」。私の名前を覚えていた軍事教官は、かつて担任の吉野良太先生が、私の珠算の腕を進言してくださった教官でした。以前その教官にクラスの成績集計や平均点などの計算を頼まれ、直立不動で即答しました。4桁の暗算ですから楽でした。

「おまえは志願兵の手続きをしたか」と問われ、「中学5年になりましたら、陸軍経理学校に上がりたいと思います」と返事をすると「よし」。気に入られたのか教官は、計算を手伝ったことで、教練の単位の代わりにしてくれたのです。

私は教官に食器の件を謝ると「俺のところに持ってこい。処分しておくから」。私は心底ホッとしました。

第2章

戦時下で鶴見・横浜の大空襲を体験

工場や畑に勤労動員

１９４４年、戦局が拡大、激化する中、父は米軍爆撃機の空襲に備え、自宅の床下に防空壕《ごう》を作りました。畳を上げ、床板を剥いで地面に穴を掘ったのです。この防空壕が何の役にも立たなかったことは、この時私たち家族は知るよしもありませんでした。

学校は既に、勉強するどころではありません。私たち中学生も、低学年であっても全員が勤労動員の対象となりました。

戦時中の父忠治。必死に家族を守ってくれた＝1944年ごろ

最初に行ったのは鶴見区大黒町にある日産自動車の工場でした。ベルトコンベヤーで流れてくるボディーにエンジンやタイヤを取り付ける仕事に従事しました。15歳の少年が造った車が町中を走るのです。われながら大丈夫だろうかと心配でした。

次は、17年に国有化された横浜線の

相原駅近くにある農家でした。働き手の成人男性がほとんど徴兵されてしまったので、代わりに私たちが農作業を手伝うのです。先生に連れられ、一人ずつ近在の農家に振り分けられていきます。

私に指示されたのは米や野菜のほか、蚕と牛を飼っている農家で、あるじの留守を奥さんとおじいさんの二人が守っていました。

最初の仕事は、桑畑から蚕に食べさせる桑の葉を取ってくることでした。リヤカーの荷台に桑の葉を積み、おじいさんも乗せて私が自転車をこぎました。ところがバランスを崩してしておじいさんが荷台から落ちてしまったのです。すぐに助け起こしました。おじいさんは幸いかすり傷程度で済み、ホッとしたものです。

夜は養蚕小屋の1階で寝ました。小さい蚕も何万匹か集まると、桑の葉を食べる音が小屋中に響き、なかなか寝付けませんでした。

それよりも一番つらかったのは田起こしの作業でした。田植えの前の工程ですが、ヒルが足に吸い付いてくるなかで、人糞《じんぷん》を肥料として田にまきながら耕していくのです。嫌で嫌でたまりませんでした。私のそんな表情を見たのでしょう、おじいさんは私を諭すように言いました。

「米という字を書いてごらん。『八十八』と書くだろう。88の手入れをしないと、1粒の米にならないんだよ」

ああ、確かにそうだと思いました。先人はみな、手を尽くして米を作っているのだと実感したのです。

逆にうれしかったのは作業を終えて出される白米でした。当時は食糧不足で、白いご飯など自宅ではとても目にすることはありませんでしたから。また、うどん粉と牛乳を混ぜて膨らませたまんじゅうは、中にアンコも何も入っていませんでしたが、おいしくいただきました。

2週間の援農の間、二人には大変よくしていただきました。その後、食糧がどこからも手に入らないときに、鶴見から母が相原へ農作物の買い出しに行くと、「柏木さんのお母さんだから」と分けてくださいました。ただし、帰りの横浜線の東神奈川駅でしばしば憲兵に没収された苦い思い出があります。

製鉄所で給与の計算

私の3番目の勤労動員先は横浜・鶴見の自宅から約30分の、前年に国有化された鶴見線の安善駅に近い日本電解製鉄所（後に日曹製鋼に吸収合併）でした。

この地は港湾と工場を一体化した日本初の臨海工業地帯を目指し、実業家の浅野総一郎が埋め立て事業を行った地域です。彼の経済支援をしたのが安田財閥の生みの親である安田善次郎。鶴見線の浅野駅と安善駅は、二人の名前にちなんで付けられています。

今でこそ晴れれば青空が広がりますが、当時は各工場の煙突からばい煙が立ち上り、大空を覆っていました。丈夫になってきたとはいえ、私にとっては過酷な勤労動員でした。

日本電解製鉄所は、鉄くずを集めて高温で溶かし、戦車や船を造るための鉄板を製造していました。できた鉄板の強度を調べるため、大砲の的にしてどの程度の穴が開くかなどの実験も工場内で行われました。

ここに動員された学生は皆、製造現場に回されて油まみれになりました。ところが私一人だけ会計課に配属され、作業服はきれいなまま。ぜんそく治療の注射で腕の筋肉が損傷している件を、軍事教官に進言してくれた吉野良太先生が今回も、会社側に事情を話してくださったおかげで、事務の仕事に就けたのです。

同製鉄所では、戦闘機に使う特殊なニクロム線も開発していました。その新製品を私が乗用車に乗り込み、飛行場に届けたこともあります。「昨今、スパイが多いから心配だけれど、学生の君なら大丈夫だろう」と指名されたのです。よく考えれば怖いことですが、その時は夢中でした。それよりももっと緊張することが起きるのです。

私の主な仕事は従業員の給料計算と支払いでした。時間給の工員さんも多く、その人たちの給与はタイムレコーダーを見ながら計算します。ただ、時刻が刻印された文字が薄く見えにくいため、ときに間違うと、ねじり鉢巻きの工員さんに「俺の給料を間違えたヤツは誰だ！　学生のおまえだろう」と怒鳴り込まれたこともありました。

会計課の職員はほとんど女性で、男性は私と40歳くらいの課長だけです。その上に50歳近い部長と社長がいて、何をするにも彼らに相談し、承諾を得ることが必要でした。

出征している従業員の給料は、留守を預かる家族に郵便局から振り込みます。生活費が足りないと、子どもをおぶった奥さんが前借りを頼みにくることもありました。女性社員が応対し「柏木君、前借りさせてあげたらどうですか」と聞かれても、私単独ではもちろん決められません。その旨を上司に聞いてから、支給していました。

給料の支払いは今と違い、現金払いが基本でした。給料日前日に私が銀行に行き、現金を下ろしてきました。全員分の給与を金庫にしまおうとしたら、どの金庫も満杯で、入るスペースがありません。私は頭を抱えてしまいました。

社員給与を家で保管

横浜が初めて空襲されたのは、市が戦後作成した資料によると、1944年11月24日。鶴見区も爆撃の対象でした。軍需施設を高い高度から精密爆撃する米軍の「サン・アントニオ作戦」が開始された頃です。以来、2、3機のB29爆撃機が定期的に来襲したほか、グラマン戦闘機の機銃掃射は、被害こそ少ないものの、私たちはひとときも気が休まりませんでした。

日本電解製鉄所の近くにあるガスタンクを目印に、よくグラマン機がやって来ました。屋外で敵機の姿を見ると即座に誰かが「来たぞ、伏せ!」と叫びます。皆は口を開け、両手で耳と目を押さえた状態で地面に伏せます。爆風により眼球が飛び出すのと鼓膜が破れるのを防ぐためです。

あるとき、弾がコンクリートの道路を直撃。割れた道路の破片が放物線を描いて私の後ろにいた同級生の顔に当たりました。彼は機銃掃射が終わったことに安心して、顔を上げてしまったのです。幸い一命はとりとめたものの大出血、大けがを負いました。

そういう状況にあったので、毎日夕方になると書類でも何でも大事なものは、非常袋に入れて金庫にしまっていました。その後で、私が銀行から下ろしてきた社員全員の給与を金庫に入れようとしても、スペースが残っていませんでした。

困った私が課長に相談すると、「俺では判断できないから部長に聞いてこい」と言われたので、部長の元に行くと「そうだ、君が一晩管理すればいい。学生なんだから誰も怪しまないだろう。それで明日の朝、会社に持ってくればいいじゃないか」と弱冠15歳の私に言うのです。「できません」「いや、頼む」の押し問答の末、「命令」として全社員の給与を私が預かることになってしまいました。

リュックサックに現金を詰め、鶴見線の安善駅から二つ隣の弁天橋駅で下車。そこから潮田町の自宅まで直線距離にすれば約1キロの道を徒歩で帰ります。誰か狙っていないか、後をつけてくる人間はいないかと、何度もキョロキョロしながら歩きました。極度に緊張し、神経をすり減らして家にたどり着きました。

帰宅した私を迎えてくれた父が「どうしたんだ、その顔色は？」と大きな声を出すので、私は「シィー」と人さし指を口に当て、「とにかく、まずは玄関に鍵をかけて」と小さな声で頼みました。

部屋に座って一息入れてから、両親に事情を話すと、「それは大変だ」と家中の戸締まりをしたのです。それでも私は、眠れないまま翌朝を迎えたことを覚えています。その日は父が、会社まで私に付き添ってくれました。

45年2月になると、空襲は日増しに激しくなっていきました。工場などの重要地点を標的とした焼《しょう》夷《い》弾爆撃が本格化していきます。2月16日、17日、27日と鶴見地区の被害も拡大していきました。そして「運命の日」が来たのです。

鶴見空襲で自宅消滅

1945年4月15日。午後9時20分の警戒警報に続き、同10時3分に空襲警報が発令され、ほぼ同時に約300機のB29が、2千〜3千メートルの低空から東京南部と川崎に焼《しょう》夷《い》弾を投下しました。続いて同11時ごろから横浜・鶴見区域への空襲が始まりました。照明弾を投下して地上を照らしながらの波状攻撃でした。

鶴見区域の場合は爆弾95発、焼夷弾２６５０発を落とされ、1万２４４４戸が全焼したと記録されています。鶴見川の流域で、第2京浜国道と産業道路にはさまれた地域は、すべて焼き払われたといってよいでしょう。

その爆撃の様子を私たち家族は、疎開先の高座郡大和町（現大和市）から見ていました。大和町は相模野台地の上にあるため、標高が28〜99メートルと高く、遠く離れた横浜・鶴見方面が赤々と燃えているのが確認できたのです。

両親と妹ヤス子が大和町に疎開したのは、鶴見空襲のわずか1週間前でした。父はこのまま鶴見に住んでいると危険だと考えたのでしょう。神奈川県の地図を広げて、横浜から厚木まで走る相模鉄道神中線（現相鉄線）をたどり、九星気学で方位を決めて、二俣川の先にある大和町までなら避難できると判断したようでした。

私と姉は仕事があるため疎開せず、神奈川区内にある叔母杉井カネの家に、下宿をさせてもらうことになりました。叔母は華道の師匠で1人暮らしをしていました。私は空襲当日、たまたま大和町の疎開先に泊まりに来ていたのです。

父は納屋を借りている農家の方に、疎開先に持ってきた書物や私の辞書と交換に米を分けてもらい、家族全員でにぎり飯を50個作りました。翌朝、そのにぎり飯を持って私は父と共に鶴見に急ぎました。

まず潮田町のわが家に行くと、自宅は全焼どころか、すり鉢状の穴が開いて消滅していました。爆弾が直撃したのです。周りの家も跡形もありませんでした。

空襲に遭う前の潮田町の自宅付近。右から２人目が父忠治、中央の少女（後ろ向き）が妹ヤス子＝1944年ごろ、横浜市鶴見区

近所の人はどこに行ったのか聞き回りました。すると下野谷の鶴見工業学校（後の横浜市立鶴見工業高校、２０１１年閉校）に避難していると分かり、訪ねてにぎり飯を渡そうとすると、「あんたたちみたいなスパイからはもらえない」と拒否されました。「空襲があるのを知っていたから、鶴見から逃げたんだろう」と思われたのです。

空襲１週間前の疎開は偶然にすぎないのですが、それだけ住民の皆さんが受けたショックは大きかったのでしょう。やがて誤解は解け、持参したにぎり飯を食べていただきました。

鶴見空襲の後、私と姉は、叔母の家に戻りました。幸いにも勤労動員先の日本電解製鉄所は空襲されませんでした。姉が勤めていた川崎の昭和電線も同様に空襲を免れたため、私と姉は叔母の家から通勤生活を再開します。

大空襲の焼け跡歩く

鶴見空襲から1カ月半後の1945年5月29日。朝から快晴で風もない日でした。動員先の日本電解製鉄所に出勤。机に向かって仕事をしていると警戒警報が鳴りました。午前9時半ごろに空襲警報が発令され、外に出るとB29爆撃機の機影が見えました。その数は500機以上、P51戦闘機は約100機。恐ろしい数の米軍機が、焼夷弾《しょうい》を落とし始めました。横浜中心部はたちまち燃え上がったと思いますが、日中だったため炎は見えませんでした。

警報が解除されると会社の指示で、早めの帰宅となりました。交通機関が壊滅状態のため、歩くしかありません。鶴見から鉄道線路の上を歩き、神奈川区内にある叔母の家を目指しました。次第に「火の空気」が辺りを覆ってきました。横浜を焼き尽くした火が熱となって空中を包んでいるのです。たまらず手ぬぐいを口に当てました。運動靴の底はやけどしそうな熱さです。周辺の住宅は燃え尽きてなくなっていました。

歩く道すがら、死体があちこちに転がっていました。玄関先の防火用水槽に頭を突っ込んだまま亡くなっている方が何人もいました。家の火を消そうと防火水槽の水をくみに来て、火の熱さでたまらず頭を水の中に入れたのでしょう。そして顔を上げたら、熱風や熱炎に一瞬でやられてしまったのです。私はぼうぜんとしながら、叔母の家へただ足を運んでいました。

米軍は燃えやすい木造住宅の密集地を事前に調べ上げ、焼夷弾で狙い撃ちする作戦だったことが、米軍資料で明らかになっています。米軍は攻撃目標を、東神奈川駅、平沼橋、横浜市役所、日枝神社、大鳥国民学校の5カ所に定めていました。確かに東神奈川駅周辺の被害は甚大でした。死体が道を覆い尽くしていました。一度だけやむなく死体を踏んで進まざるを得ないときもあったほどです。

神奈川区の青木橋方面は少し坂になっています。坂の上から火のついたトタンがヒラヒラと飛んできました。それが木製の電柱に巻き付くと、そこから電柱が燃え始めました。

あの光景は、70年以上たった今でも、昨日のことのようによみがえります。

私は汗だくでしたが、飲み水はありません。体の疲れもありましたが、それよりも心に受けた衝撃に打ちのめされそうでした。それでも歩き続けたのは、叔母と姉の安否を確認しなければならないという一心からです。

洲崎神社の横にある叔母の家にやっとたどり着いたものの、家は焼け、跡形もありませんでした。叔母もいません。誰かに尋ねたくても周囲には人の影すら見当たりません。

そこで道の脇に並べられた死体を見て歩きました。死体には焼け残ったトタンがかぶされていました。そのトタンを一枚、一枚めくって「叔母ではないか」と確認していくのです。何かに突き動かされるような気がしたものです。そうやって2時間ほど捜し回りましたが、叔母は見つかりませんでした。

避難先の大和も空襲

横浜大空襲の惨状を目の当たりにして私は、立ち尽くしていました。夕闇が迫るにつれ、辺りに漂う煙と臭気が濃くなってきました。すると横浜市中央卸売市場の方から歩いてくる4、5人の女性がいます。目を凝らすとその中に叔母がいました。

「よかった!」と思わず抱き合いました。奇跡的に難を逃れた叔母は、空襲が終わって自宅に戻るところでした。

神奈川区内の叔母の家の一帯は焼け野原でしたが、家のすぐ近くにある市の防火用水槽は焼け残りました。防火水槽は約25メートル四方の大きさで、その中に馬が一頭倒れ込んでいました。

私たちはそこで、姉の帰りを待つことにしました。姉が勤めていた昭和電線は、川崎市の渡田にあるので、私と同じように歩いて戻るはずです。そして午後6時ごろ、もんぺ姿で戻ってきた姉の顔を見て、ホッとしました。それもつかの間、私たちはここから避難する場所の目当てがないことに気付きます。

喉はカラカラで、おなかもすいていましたが、食べ物も飲み水もありません。私たち3人は熱の冷めたトタン板を拾ってきて道に敷き、着の身着のままでその晩は横になって眠ることにしました。

私は煙で目が真っ赤になっていましたが、洗うことができません。その晩は目が痛くてよく眠れませんでした。

ウトウトしていると夜中に人の声がしました。そっと見ると、防火水槽の中で死んでいた馬の肉を切っているのです。おそらく食用にするのだと思いました。翌朝、水槽の水は血で真っ赤、馬の半身がきれいになくなっていました。

大空襲から一夜明けた30日。午前9時半ごろに父が大和町から自転車に乗って、私たちを迎えにきてくれました。

「大丈夫か」

「全部燃えてしまったよ。何もないよ」

命が助かって何より、と父に慰められ、私と姉と叔母は父と共に、歩いて大和町へ避難しました。

私は大和を、林と一面の麦畑に囲まれた、のどかな農村地帯だとばかり思っていました。私は両親と妹の疎開のために引っ越しを手伝ったほか、勤労動員の休みに数日泊まっただけでしたから、大和は空襲とは無縁のところだと思い込んでいました。

ところが45年以降は、大和でも一日に何回も空襲警報が出されました。夏が近づくと、艦載機がこの地域にまでも来るようになっていたのです。

5月24日の夜には、「鶴間新町」(現在の中央林間西地区)が空襲されました。疎開先の自宅からは少し離れていますが、両親は驚いたことでしょう。

大和が空襲を受けた理由の一つは、町のすぐ隣に日本海軍の「厚木飛行場」があったからでしょう。私たちが大和に疎開してきたときの地図には、厚木飛行場は載っていませんでした。一帯は青々と山地が描かれていたにすぎません。

級友と聞く玉音放送

大和町のすぐ隣にあった海軍の「厚木飛行場」は1942年に完成。陸軍の調布飛行場、柏飛行場、松戸飛行場、成増飛行場などと並び、首都圏防空の重要拠点として位置付けられました。

今は「在日米海軍厚木航空施設」「海上自衛隊厚木航空基地」と呼ばれています。

実際は厚木にあるわけではなく、大和町と高座郡綾瀬町にまたがった場所にありました。厚木でないのに厚木飛行場と名付けたのは、所在地を隠すためだともいわれています。

5月29日の横浜大空襲で焼け出され、大和の両親の家に避難した私は、厚木飛行場のサーチライトが米軍のB29爆撃機を捉えるのを何度か見ました。すぐに飛行場から零戦が飛び立っていきますが、敵機の高度が高いため、なかなか追い付きません。空中戦が始まり、ほどなく零戦が落下。ドスーンとすごい振動がして、グミなど辺りの木の実が落ちた記憶があります。

日中、零戦は格納庫ではなく、周囲の林の中に隠されていました。その数も日を追うごとに減っていきました。制空権は完全に米軍の手中にあったのです。

本土決戦が叫ばれるようになると、大和やその周辺では相模湾に連合軍が上陸すると想定し、決戦準備が進められていました。

町全体が騒然とした雰囲気になっていた45年7月ごろのことです。私宛てに日本大学第四中学校（現日本大学高校・中学校）から郵便が届きました。横浜の大口にあった日大四中は、横浜大空襲で校舎が焼失したため、以後、生麦国民学校（現横浜市立生麦小学校）で間借り授業が行われているという通知でした。小学生は疎開していたので教室が余っていました。ただ、中学生の数が多かったため、午前の部、午後の部と分けられ、私には午前の部が割り当てられました。

大和から通学し、今度こそ勉強できると思っていたところ、「今日は動員だ、農家に行け」「今日は工場に動員だ」と指示され、結局ほとんど授業は行われませんでした。

そして、8月15日。この日、私は横浜大空襲の時にも動員されていた横浜・鶴見の日本電解製鉄所にいました。午前10時ごろ、社長に「全員仕事をやめて、帰宅せよ」と告げられました。「正午に天皇陛下の玉音が放送されるから、それを聞くように」と言うのです。広島や長崎に新型爆弾が落とされたことは、知っていました。頭の中でいろいろな思いが浮かんでいましたが、確信は何一つありません。

大和の自宅まで戻っていては、正午の放送に間に合いません。そこで、同じ動員先の級友が横浜の反町に住んでいたので、そこで聞かせてもらうことにしました。友人の父親も一緒に聞きましたが、何を話しているのか意味が分かりませんでした。すると友人の父は「戦争に負けた！」とため息交じりにつぶやきました。戦争が、終わったのです。

進駐軍が大和を闊歩

太平洋戦争が終わっても私たち家族は、横浜市鶴見区に借りていた家が鶴見空襲で焼失したため、戻ることができません。疎開先の大和町が定住地となりました。家は近所の農家から借りた平屋建ての納屋でした。大和駅から徒歩15分、藤沢街道（現国道４６７号）

に面していました。

一面の麦畑、木立に囲まれ、風が爽やかに吹き抜ける環境を、私は大変気に入っていました。体が丈夫になったのは、大和に住んだおかげだと今でも思っています。当時、大和町に人家はポツンポツンとあるだけです。自宅から大和駅までの間にある人家を数えたら、15軒だけ。標高が高く、晴れた日には横浜港が見えました。45年10月時点の同町の人口は、約1万600人でした。

玉音放送で日本の敗戦を知った時は「もう空襲されない」という安心感がありましたが、時間がたつうちに不安感が大きくなりました。小説や映画のように、降伏すると敵の捕虜になるのだろうか。それとも敵が上陸してきて銃殺されるのだろうか。米軍だけでなく、ソ連軍も来るのだろうか。これからどうなるのか…。未来がまるで展望できないどころか、恐怖感も芽生えてきました。

同年8月28日、連合国軍の第1陣が厚木飛行場に降り立ちました。身近に連合国軍の進駐があることを知った町の人は、「何をされるか分からない」と恐れ、動揺しました。

神奈川県が回覧板を回して飛行場近くの女性を避難させるようにという指導もあったといいます。女性は化粧をしてはいけない、夜は外出してはいけないと言われ、妹は不自由な生活を強いられました。

鶴見の家から父は、槍や刀を十数本、持ってきていました。それを農家の人が見ていて「柏木さん、狙われているよ」と忠告されました。結果的にはデマでしたが、父は用心にと全部警察に差し出しました。

連合国軍総司令部（ＧＨＱ）が日本政府に指示したことが一般国民に伝わるまでの間、私を含め周りの人々は途方に暮れていたのです。小学校も中学校も休みのまま。私は中学校の再開を待つ日々でした。

厚木飛行場に近い相鉄線の相模大塚駅の周辺には米国人相手の飲食店など遊び場が次々とできて、にぎわうようになります。

大和は小田急線や相鉄線が乗り入れていて近隣では一番開けた町とはいえ、店は駅前に3、4軒あるだけでした。あとは駅の売店で新聞やたばこが売られていました。

やがて大和でも町を闊歩《かっぽ》する進駐軍の兵士を見かけるようになります。兵士は日本家屋が珍しいのか、家をのぞいていましたが、ＧＨＱの管理が当初は厳しかったせいか、トラブルは少なかったようです。遠い親戚に預けられていた若い女性たちは、町に戻ってきていました。一番困っていたのは、何もするあてのない子どもたちでした。

柏木学園高等学校校歌

一、東方《とうほう》に　文化の横浜《はま》の　港あり
新潮《あらしお》の波　輝き光る
理想は高く　集うはわれら
ああ　柏木学園　われらが母校

二、西方に　箱根大山　丹沢の
希望と誇り　高くつとめん
しるし掲げて　希むはわれら
ああ　柏木学園　われらが母校

三、南方に　波頭《はとう》のかなた　外国《とつくに》の
平和と文化　語りつつ
共に開かん　出会うはわれら
ああ　柏木学園　われらが母校

四、北方に　薫る大地の　相模野の
新たな文化　きづき創造《つく》らん
力のかぎり　進むはわれら
ああ　柏木学園　われらが母校

柏木実業専門学校校歌

一、雪をいただく丹沢の
尾根を遥かに望み見て
誇りと特技《わざ》を伸ばそうと
学び舎《や》に来る師と友の
出合いは柏木実業専門校

二、相模川辺の土壌には
縄文文化の珠ひそむ
明日の社会に役立てる
珠玉の特技《わざ》を研《みが》こうと
つどうは柏木実業専門校

三、相模の海の向うには
手に手をつなぐ国がある
みんなの汗で実らそう
平和と文化　世界の輪
望むは柏木実業専門校

第3章

そろばんの私塾から実業教育の道へ

そろばん教室を開設

1946年4月、私は日本大学第四中学校（現日本大学高校・中学校）の3年に進学しました。校舎は横浜の日吉に新築され、大和から約1時間半かけての通学ですが、まだ授業はまともに行われませんでした。

気になったのは周囲で見掛ける子どもたちです。国民学校に行っても、物資不足で紙も、鉛筆も、教科書も満足にない状態です。中学校同様に授業は行われていません。遊ぶ場所もなく、何もやることがないようでした。

ある日、近所の女性が私を呼び止めました。「柏木さん、あなたはそろばんができるし、勤労動員で会社の経理をしていたと聞いたけれど、子どもたちにそろばんを教えてやってくれないかしら」

その依頼を聞いて、私は自分の未来が見えた気がしたのです。「なるほど、そろばん1丁ぐらいなら、どこの家にもあるに違いない」と、そろばん教室を開くことを思い立ちました。

日本は立ち直らなければならない。珠算を通じて日本の文化や経済の復興に貢献することができると考えたのです。

父に相談すると「良い考えだ」と賛成してくれました。農家から借りていた納屋では教室はできないので、父は購入できる土地を探しました。

ところが思うようにいきません。私たち家族は、地元の人から見ればよそ者です。地縁血縁の強い土地柄の上、先祖代々から受け継いできた土地を簡単に手放すことはできない、と断られ続けました。それでも父は何度も何度も出掛けて、ようやく土地を借りることができたのです。

麦畑に囲まれた場所に、住居兼教室を建てました。6畳2間に外廊下を付け、廊下を生徒の出入り口にしました。あとは家族用の3畳1間あるだけ。玄関が事務所代わりでした。大工さんは、とにかく木材がないということで、角材を作る際に切り落としたバッタという端切れを使って建ててくれました。ですから壁も屋根も隙間だらけです。屋根材には紙にコールタールを塗布した簡素な材料を使いました。

生徒用の長机は、厚さが約12ミリしかない「四分板」に、足を付けただけです。一つの机に3人が座るように考えたのですが、端の子が力をかければ、その反対が持ち上がってしまうような代物でした。

問題は紙と鉛筆の調達です。中学校の担任、吉野良太先生から紹介していただいた東京・浅草の印刷屋さんを訪ねると、紙問屋に口を利いてくださいました。そこでわら半紙を2締め（2千枚）と鉛筆を購入し、浅草から一人で担いで持ち帰りました。印刷機は国産の謄写版を手に入れることができたので、珠算問題を刷って教材にしました。

こうして同年6月9日、当時の高座郡大和町深見2874番地に「柏木塾」を開きました。私が17歳になる年のことで、旧制中学生でもあったので、父が設置者となりました。

「柏木塾」に生徒69人

柏木塾には、69人の子どもたちが集まりました。今も全員の顔を覚えています。創設当時を思い出すと万感胸に迫る思いです。

生徒は小学3年生が一番多かったように思います。それにしても、予想以上の数でした。子どもたちも親も、学ぶことに飢えていたのだと思います。

当時の大和はほとんど舗装されておらず、やってくる子どもたちの足は泥だらけです。外廊下の入り口に水を入れたバケツとぞうきんを置いて、まず足と手を洗ってから教室に入るように指導しました。

教室となる6畳2間の畳と廊下に厚手の布を敷き、1台に3人座れる細長い机を向かい合わせに十数台並べました。一度に約40人の生徒を教えることになります。最初は午後3時と4時の2クラスでした。まずは姿勢を良くし、正座することからです。心を落ち着かせることが肝心です。それから、そろばんを使う際の置き場所、使わない際の置き場所、手による押さえ方、指の使い方、鉛筆の持ち方、計算に使う伝票のめくり方などの基本動作を身に付けさせました。

基本動作を身に付けた上で、実際の技を学ぶのが「道」であると考えたのです。珠算はかつて「珠算道」ともいい、茶道や書道同様に「道」でした。「道」には作法があり、心があります。かしこまって学ぶべきものなのです。

子どもが一番大変だったのは、正座でした。後の20周年記念誌に卒業生が「塾の思い出」を寄稿してくれましたが、多くの生徒が「1時間の正座には苦労した」とつづっていました。

私は根気よく「正座で勉強するんだよ」「座っているうちに、しびれないようになるよ」と言い続けました。足をモジモジしている子には、持っている竹刀でわざと足をつついた

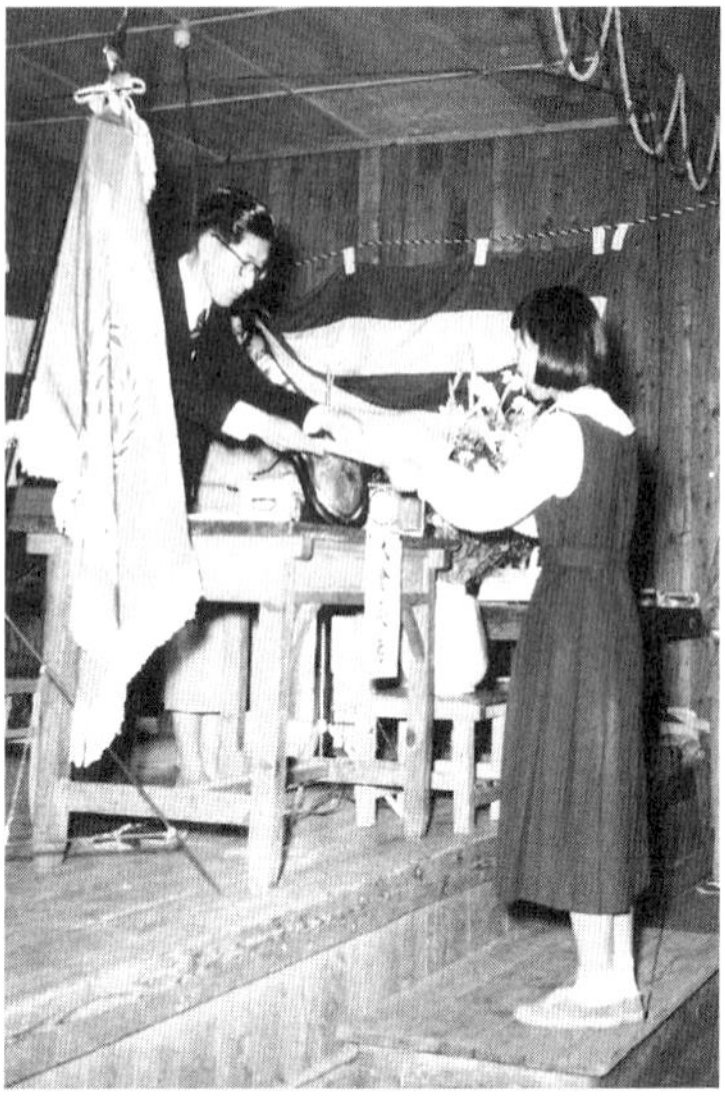

そろばん大会を塾内でも開催し、成績優秀者を表彰した＝1953年ごろ、高座郡大和町（現大和市）

ものです。指導は厳しかったと自分でも思います。17歳と若いので、生徒にばかにされてはいけないという気負いと、終戦直後で軍国教育の影響が残っていたかもしれません。授業は月曜日から土曜日までの週6日間でした。1週間もたてばほとんどの子がしびれないで正座ができるようになりました。

もう一つの決めごとは、授業中の私語禁止です。子どもたちが口を開くのは、講師に質問するときか、講師からの質問に答えるときだけとしました。質問をしたいときは、まず手を挙げることも徹底させました。こうした指導が功を奏したのか、子どもたちは真剣に珠算に取り組み、実力をつけていきました。

生徒が全員帰ると、私たち家族は、机を廊下に出して積み上げ、敷いていた布を外して雑巾がけをします。そこに布団を敷いて眠るのです。

私から柏木塾を宣伝したことはありません。口コミで入塾希望者が増えていきました。最初の2クラスから、すぐに4クラスにするまでに拡大しました。

菜種油で明かり確保

柏木塾では、優秀な生徒は遅い時間のクラスになるので、授業が終わると、子どもたちを大和駅まで送りました。外灯がないため、月明かりのない夜は真っ暗になります。地元の人は暗闇に慣れているのでしょうが、私は当初、駅から自宅に帰ってくるのが怖かった記憶があります。畑と畑を区分けするところに桑の木が植わっているのですが、それが人間がしゃがんでいるように見えるのです。また樹木から夜露が頭に降りかかると肝が冷えました。

外が暗くなるのはある意味、当然のことです。しかし、家の電力事情が悪いのには苦労しました。教室のそばに立つ電柱から電線を引いていたのですが、電球が明るくならないのです。電力が微弱なため、フィラメントを細々と光らせるだけでした。まるで線香の火のような頼りない明かりでした。

当時、大和町の電気は藤沢の長後から来ていました。大和の一番最寄りの変電所が長後にあったのです。大和から2駅先（当時）というほどの長い距離になると、弱い電気しか届かなかったというわけです。この状態は開校3年後の49年まで続きました。

私はなんとか明かりを確保しようと生徒らに「農家の人はいますか。もし家に菜種油があれば、空き缶に油を入れて、ぼろ布も一緒に持ってきてください」と頼みました。菜種油入りの空き缶にぼろ布を浸して芯にし、ランプにしようという苦肉の策です。この〝夜間照明〟の中で、生徒は黙々と運算しました。彼らから私は、シルエットでしか見えなかったようです。

その一方、ガスを明かりに使えないかと思い立ち、家に引かれていたガスを使ってガス灯を試してみました。大和には戦時中、航空隊があったため、早くから家庭にガスが普及していました。しかしガス灯では、教室を照らすほどの光は得られませんでした。

次に、大和駅の近くにできた「ラジオ屋」に相談し、乾電池を何本も使ってスポットライトを取り付けてみました。これも部屋全体は明るくならず、文字通りスポットしか照らせません。いくつ取り付けても、一つのスポットライトは一人の生徒しか照らさないので、諦めました。

それでも、文句を言う生徒はいませんでした。子どもたちの学びたいという気持ちの方

生徒たちと開いたクリスマス会＝1953年ごろ、高座郡大和町（現大和市）

が、勝っていたのでしょう。その思いの行き場がそろばん塾でした。

たった1時間の勉強のために大和の周辺各地から生徒が集まってきました。さらに口コミは広がり、相模大野や座間、海老名、厚木、横浜の西谷などからも通ってくるようになりました。開校1年後の47年の生徒数は150人に上ります。

生徒の中には、相模鉄道の職員もいました。ほぼ全員の職員が、休みの日に交代で通うようになりました。珠算の技能は事務仕事に不可欠だったのです。

私一人では対処できなくなり、妹のヤス子に手伝ってもらうことにしました。

「塾新聞」生徒に人気

１９４７年、柏木塾の創立1周年を祝い、私は鶴見で珠算を習っていた「専攻速算塾」の高橋玉萃先生から、「玉誠」という号を頂きました。

高橋先生は戦時中、徴兵され戦地に行かれていましたが、ご無事で復員も早かったといいます。余談ですが、私が戦時中、援農動員で伺った農家のご主人と、高橋先生は同じ部隊に所属していたということを後で知り、不思議な縁を感じたものです。

高橋先生の塾は、わが家同様に空襲で焼け落ちてしまっていたので、鶴見駅の近くに、そろばんの販売店を開店したそうです。また、かつての自分の教え子や珠算関係者と、新たな珠算教育振興策を準備されていました。

私は既に大和に住み、大学生でもあったので、高橋先生との連携関係に入る余裕がありませんでした。しばらくして私が大和で塾を開くという話をすると、「頑張りなさい」と応援のメッセージをいただきました。その恩師からの号です。感謝の気持ちでいっぱいでした。

私の塾は高橋先生の塾を模範にしていました。例えば私は高橋先生が実践されたように、柏木塾を生徒たちの交流の場にしていこうと思いました。

私が小学生の時、先生に連れていってもらった鶴見の花月園。国内有数の遊園地で、楽しい時間を過ごした思い出があります。私も、自分の生徒たちを連れていきました。かつての人気は衰退し、閉園が間近に迫っていましたが、高台から見下ろすと、昔と同じように東京湾が見えました。

私が「あれが海だよ」と教えると、生徒たちは歓声を上げながら「海に浮かんでいるのはアパート？　それともビル？」と聞くので、「あれは客船だよ」と答えるとびっくりしていました。生徒は戦争が始まってどこにも行けず、遠足も大和の町の中だけ。限られた場所での生活を強いられていましたから、無理はなかったのです。

また「柏木塾新聞」を発行しました。わら半紙の大きさで全4ページの新聞は私が自ら鉄筆で書き、謄写版で印刷しました。

私は毎月、生徒が楽しく読める工夫を凝らしました。その一例が懸賞問題「私はだれでしょう」。生徒の一人を取り上げ、誰かを当ててもらうのです。例えば（1）私はガール（2）私は赤3本（名札に赤い3本線が入る3級の生徒）（3）私の名前は5文字で7音（4）私の名前には大きな数字がある――。正解は翌月の新聞に掲載します。この時の答えは「木下千代子」さんです。

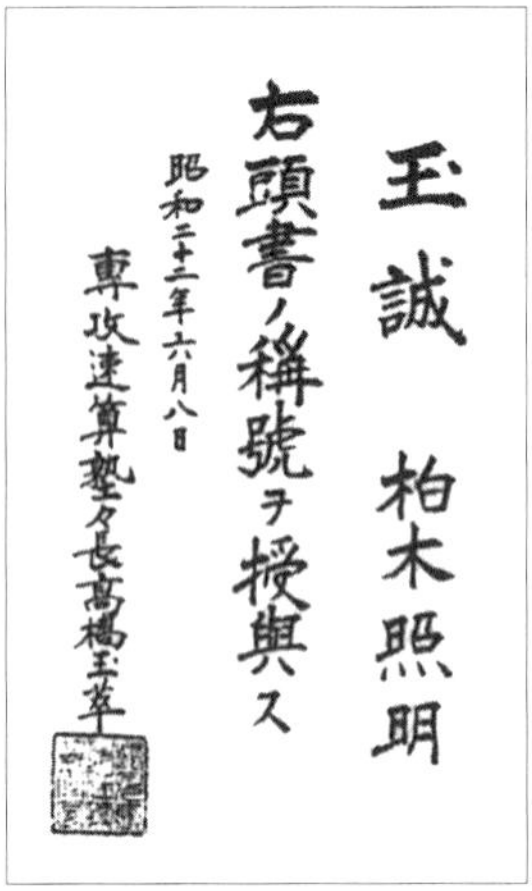
玉誠　柏木照明
右頭書ノ稱號ヲ授與ス
昭和二十三年六月八日
専攻速算塾々長高橋玉萃

玉誠の号

すると「私も考えました」と新聞に投稿する子どもが現れました。新聞制作を手伝いたいと生徒が次々と名乗り出て、1年後には「塾友会」ができ、それが発展して同窓会になりました。当時の新聞をまだ持っている同窓生がいます。

それだけ皆さんの心に残ったのだと思うと、幸せに思います。現在も毎年1回皆さんと集まるのを楽しみにしています。

戦後の大和初の水道

焦土と化した日本は、インフラ（社会基盤）整備に着手するにも時間がかかりました。中でも水道には懐かしい思い出があります。

柏木塾の道路を挟んだ場所に、石川島播磨重工業大和営業所の広大な敷地（現大和市深見台）が広がっていました。零戦など戦闘機の修理を行う予定で建設されていましたが、稼働しないうちに終戦となりました。敷地内には木造2階建ての建物が立ち並んでいて、大型機械も置いてありました。

その敷地内に10メートル四方ぐらいの更地があり、生徒たちが自分のクラスが始まるのを待つ間、彼らにとって格好の遊び場でした。近くには25メートルプールほどの広さと深さの穴があり、そこに入ったり、登ったりして遊んでいました。

そのうち、穴の側壁から何か白い管が出てきました。後で分かりましたが、水道のヒューム管だったのです。生徒たちがそこに石をぶつけて遊ぶうち、ヒューム管が割れて水が噴き出してきたのです。穴はまさしく〝プール〟になってしまいました。私は困って水道業者を探しましたが、大和には一軒もありません。

当時はまだ一般家庭に水道などないのが普通で、皆井戸を利用していました。わが家も約18メートルの深さまで井戸を掘って生活水にしていました。石川島播磨重工業は軍需工場だったので戦争中、軍が水道を敷設したのでしょう。

生徒に水道業者を誰か知っているかと尋ねると、「僕の父さんがやっている」と言うので、来てもらいました。その方は立派な「大将ヒゲ」の持ち主で、〝プール〟を見せると「ああ、これは戦争中、おれが工事をやったんだよ」と答え、簡単に水を止めて直してくれました。

厚木基地建設に先立つ地鎮祭に臨む父忠治（右）。戦後復興の中で神主として父の仕事も増えた＝1950年ごろ

そして私をけしかけるように言いました。

「先生、せっかくだから水道を引いちゃいなよ」

「え、勝手に引いてはいけないでしょう」

「なぁに、戦争で負けて誰も管理していないんだから、大丈夫だよ」

「じゃあ、ほかに引きたい人がいるかもしれないので、聞いてみます」

私は大和駅周辺の15軒ほどの民家を一軒一軒訪ね、説明すると全員が「引きたい」と言いました。ただ、まともな水道管のパイプがなく、所々に開いた穴を木栓で埋めたパイプを活用することになりました。

第1号がわが家だったので、その後新しく水道を引きたい人は、私にハンコをもらいに来ました。水利権のような発想なのか不明ですが、最初に引いた人が承認しないといけない決まりがあったようです。

そのうち大和市が水道を引きたいと私のところにきました。その後市が水道を管理するようになりましたが、新たに水道敷設を希望する人は相変わらず、私のところにハンコをもらいに来たのです。水道代を払う人は誰もいません。水にお金を払うという発想が、そもそもなかったのです。やがて県に任せることになり、その際に押したハンコが最後になりました。

厚木基地と交流図る

柏木塾を始めてしばらくすると、困ったことが起きました。塾の向かいの二階屋に、米兵相手に客商売をする女性が住むようになりました。住むだけなら問題はないのですが、夜になると次々と米兵を乗せたジープが止まります。そして、女性の名前を大声で呼ぶのです。女性が出て来ないと、腹立ちまぎれにジープごと家にぶつかります。それはすごい音がしました。私たちは急いで明かりを消し、息を潜めました。

米兵は何時間かたつと再び姿を見せました。日中、わが家にやって来たこともあります。

姉と妹を隠して私が出て行くと「女はいるか」と聞いてきました。私は、片言の英語で「いない」と答えると、いったん帰りましたが、また来ました。今度はチョコレートやガムなどを手に「俺たちと遊んでくれる女はいないか」と言うのです。もちろん、「知らない」と突っぱねました。

女性を求めて米兵がうろつくようなところに、子どもたちがそろばんを学びに来るのです。由々しき事態です。どうにかしなければならないと思っていたその時、米軍厚木基地から「司令官がそろばん教室を見学したいと言っている」と連絡が入りました。子どもたちが民間の教室に大勢通っているというので、話題になったらしいのです。

私はいいチャンスだと思いました。掘っ立て小屋の寺子屋のような教室でしたが、司令官が視察をした場所だと分かれば、米兵も悪さをしないと考えたのです。また、司令官に子どもたちが真剣に学ぶ様子や、米国とは違う日本の学び方を見てもらうのも意味があると思いました。

「大歓迎します」と返事をすると1960年、司令官夫妻と息子さん3人がいらっしゃいました。帝国女子専門学校（現相模女子大学）の酒井伍作先生に通訳をお願いし、そろばんの計算の仕方や、日本の子どもの勉強方法を説明しました。

米軍厚木基地の司令官家族を自宅に招待する筆者（後列左）＝1960年、大和市内

その後、司令官とそのご家族との交流は続きました。これが縁で基地内の幼稚園や小学生との交流も生まれました。70年に設立した幼児教室の運動会に、基地内の子どもたちが特別参加してくれたり、逆に基地内で開かれたガーデンパーティーに、幼児教室の子どもたちを招待していただいたりしました。パーティーでは米国の親たちが実に献身的に子どもらをサポートする様子に驚きました。自分の子もよその子も、日本人の子も全く平等に楽しませているのです。

こうした子ども同士の交流は米軍基地内の新聞に紹介され、それがまた次の縁を結んでいきました。知人の銀行員に相談された英語教育を、基地内の学校の校長に話したところ、同校の先生が銀行の社員寮に週1回、英語を教えに来てくれるようになったのです。

現在も柏木学園高等学校にキャンプ座間から、米陸軍の音楽隊が演奏しに来てくださり、厚木基地の職員には英語を教えてもらうなど、交流が続いています。

自由感じた大学時代

私は1948年4月、日本大学予科（大学教養課程）に入学しました。旧制中学は五年制でしたが、同年4月に学制改革が実施されることになり、旧制中学4年で大学を受験できるようになったのです。

戦後の食糧難と物資不足の時代です。外食しようとすれば外食切符、服を買いたいと思えば衣料切符が必要でした。私は予科に入学したので、新しい服が欲しいと思ったのですが、衣料切符がないため、軍服のお下がりを着続けました。また外食切符があっても、食べられるのはうどんとそばぐらいで、白米のご飯などは口に入りませんでした。

日大の予科は東京の世田谷にありました。私は柏木塾を開校していましたから、午後3

日本大学の同級生だった古橋廣之進さん（右）と筆者＝1995年ごろ

時までに塾へ戻れるように履修科目を取りました。学生と珠算塾の塾長という二足のわらじでしたが、やりたいことができるうれしさの方が勝っていました。

そして50年4月、私は日本大学経済学部の3年に編入しました。同期に「フジヤマのトビウオ」の異名を持つ古橋廣之進さん（2009年没）がいます。第2次大戦直後から、水泳で次々と世界記録を樹立した国民的ヒーローでした。

日大の校舎は戦災を逃れ、教授陣は復員してきたり、疎開先から戻ってきたりしていました。今も記憶に残るのは戦争中、米国にいた経済学の教授が帰国しての講義です。

講義中に教授が「日本は敗戦後、苦労したけれど、こうして復興してきた。最近は良くなったよ」と話しました。

すると学生の一人が質問し、教授との問答が始まりました。

「何が良くなったのですか?」

「君たち、何事も自分の目で確かめなければだめだよ」

「どうやって、何を確かめるのですか?」

「日劇ダンシングチームを見てきたまえよ」

「えっ、何ですか?」

「女性のももの太さだよ。終戦直後はやせっぽちだったが、最近は立派になったよ」

教授は大笑いされました。学生たちもつられて笑いました。こんなに伸び伸びと自由な雰囲気は、いつ以来かと感じたものです。

残念なのは、私を筆頭に学生の学力が低いことでした。特に英語は戦時中、敵性語として授業が廃止されていました。英文学の著名な教授である大和資雄先生に「君、英語の勉強をしたことがあるの」とあきれられたこともあります。

私は教授の講義を一言も漏らすまいと聞き、ノートを必死でとりました。

そんな私が唯一、落とした科目があります。経済の取引論です。時間の都合で講義をほとんど受けられず、教科書だけ読んで試験を受けたのですが、これが大失敗。神田の古書店で、うっかり法改正以前の古本を買い、それを丸暗記したのです。その失敗に気付いたのは、試験用紙が配られたときでした。

県内8カ所に塾拡大

柏木塾の生徒は、増え続けました。創立3年後の1949年には、約780人に上ります。塾に来るのが楽しいからと、「卒業」しない子どもも多くいました。ほとんどの生徒が5年間から8年間は在籍したように思います。ですから増えることがあっても、減ることはなかったのです。

当時の大和や周辺地域には、子どもから青年になる期間にエネルギーを発散させる教育機関はありませんでした。柏木塾はそうした子どもたちの受け皿になっていたのでしょう。「うちの子もぜひ、入れてほしい」と頼まれても、物理的に無理な状態でした。廊下にも机を置いて1クラスの定員を増やしたり、クラスの数も増やして教室の終了時刻を遅くするなど、できるだけの対応はしましたが、限界でした。この時期は「席が空いたらどうぞいらしてください」と言うのが常でした。

すると今度は生徒の保護者が、「こちらで教室を確保しますから、先生が来て教えてください」と、より積極的な依頼を受けました。藤沢市長後の保護者でした。長後までは小田急線で大和駅から３駅目。当時は本数も少なかったため、子どもが通うには大きな負担でした。教える場所が幼稚園だということで、引き受けることにしました。

こうして同年10月、「長後珠算研究所」を開設すると、51年に厚木、52年に平塚、53年に二俣川、54年に三ツ境、綾瀬、55年に下鶴間、高座渋谷へと広がっていきました。すべて保護者の要請によるものです。これらの研究所のうち、長後と平塚は後年、自前の研究所を建てました。

私は50年に日本大学予科から日本大学経済学部の３年に編入し、珠算の指導と学業の両立が、ますますの課題となりました。

その上、48年に神奈川県教職員審査委員会発行の「教育適格判定証」を受けていたことが、忙しさに拍車を掛けました。この判定証は、教員として「教える」ことをしてもよいという証明書です。46年に連合国軍総司令部（ＧＨＱ）は、軍国主義的な教員を教職から追放する指令を出しました。その結果、教員免許を持っていても適格判定証がなければ、教壇に立つことができなかったのです。

適格判定証を持つ私に、職場研修の講師依頼があちこちから舞い込みました。例えば占領軍の労務管理事務所では、事務仕事をする日本人にそろばんと簿記会計を教えました。私が担当したのは横須賀の衣笠、大和、座間、相模原の4カ所で、県の渉外部を通してきた仕事です。占領軍のジープが自宅から送迎してくれました。また、県職員の研修も手伝いました。

当時の私はまだ大学在学中の青二才ですが、戦時中に軍に関係して適格判定証を受けられない教員もおり、教える人間が不足していたために重宝されたのだと思います。

藤沢珠算連盟を設立

柏木塾で珠算を学んでいる子どもたちは意欲にあふれていました。しかし私は、畑の中の塾内で実力がついたと喜んでも、あまり意味がないとも思っていたのです。もっと広い世界に出て、さまざまな人と交流しながら実力をつけ、大会で優勝する喜びを味わってほ

湘南珠算連盟の通常総会。左から４人目が小金義照衆議院議員、３人目が筆者＝1969年

しい。珠算の素晴らしさをもっと広めていきたいと考えていたのです。

そこで私は、１９４７年に設立したばかりの社団法人藤沢商工会議所（商議所）に、地元での珠算検定の必要性を説きました。柏木塾がある大和町は商工業が未発達でしたから、隣接する藤沢市に白羽の矢を立てたのです。

しかし、終戦から2年。まだ個々の企業が立ち直ることに精いっぱいの時期でした。私の思いを届かせるには一人では難しいと考え、小中学校の先生や、藤沢商業高校の先生などの有志十数人とともに、藤沢商議所内に「藤沢珠算連盟」を設立しました。そして「将来の商工業の基本は経営です。数字に強い子どもを育てましょう。そのために子どもたちに珠算を普及させましょう」と訴え続けました。

戦前から珠算や簿記などの検定試験は東京だけで実施されていましたが、49年ごろに、各地の商議所の委託を受けて試験・審査を行う検定試験委員制度ができました。これが絶好の機会になりました。藤沢商議所が珠算検定試験を主催することになり、藤沢珠算連盟に検定試験委員を委託され、私は検定委員長に委嘱されました。

54年、改正商工会議所法が施行され、藤沢商議所は社団法人から特殊法人に改組されました。初代会頭の中村豊雄さん（東京醸造社長・「トミーウイスキー」製造者）から「一緒に将来の産業人を養成しよう」と力強い言葉をいただいたことは、いまでも忘れられません。

藤沢珠算連盟はその後、52年に湘南珠算連盟、74年に神奈川県珠算連盟と発展していきます。私が地域の珠算教育の振興に取り組むに当たって、ご指導をいただいたのが、日本珠算連盟や国際珠算連盟の重鎮でもある川村貫治先生です。日本商工会議所（日商）主催の珠算能力検定試験を創始・普及させた当事者です。

私は、53年に日商の地方珠算技術委員を委嘱されたことで、東京に行く機会ができました。そこで川村先生と出会います。同じ神奈川県に住んでいることが分かり、ご指導をお願いしたのです。川村先生のご自宅が片瀬江ノ島駅の近くなので、東京からの帰り道をお話ししながらお送りすることが多くなりました。ご自宅にも度々出入りさせていただき、貴重なアドバイスを受けました。

その川村先生が、78年5月に92歳で亡くなられたときは、父親を失ったような気持ちになりました。東京の築地本願寺で執り行われた葬儀では、教育界や経済界から多くの花輪の列が並びました。まさに巨星が落ちたと感じました。

私塾から各種学校へ

1952年3月、私は日本大学の経済学部経済学科を無事に卒業しました。これからは、珠算と簿記を普及させ、将来の社会に役立つ人材育成に全精力をかけて取り組もうと決意を新たにしました。

各種学校の認可を得るのが当時の夢でした。手始めに、柏木塾の机を座り机から立ち机に取り替えました。「柏木簿記珠算学校」の設置認可申請をするためです。当時の制度では、備品として椅子と立ち机がないと各種学校として認可されませんでした。定員は立ち机と

柏木簿記珠算学校の開校祝賀会。前列右から３人目が岩本信行衆議院副議長。２列目右端が筆者＝1953年、高座郡大和町（現大和市）

椅子の数から算出されるので、事前に立ち机を備えて実績をつくりたかったのです。ところが椅子に座ると、床に足の届かない子が足をぶらぶらさせます。たちまち教師も含めて落ち着きがなくなり、困った思い出があります。

この頃、当初から通っていた生徒たちの実力はかなり上がり、外部の競技大会で優勝する子どもも出ました。塾新聞に優勝者の名前が載ると、家族で感激されたり、検定試験で受かった生徒のご家庭が、赤飯を下さったりしました。ご家族の喜びが、赤飯に込められていると思って、私もうれしくなった懐かしい記憶です。

外部の大会に参加することは、視野を広

くすることにもつながります。「井の中の蛙《かわず》」ではいけないと私は、生徒たちを積極的に大会へ連れて行きました。藤沢や横浜など近隣地域に限らず、泊まりがけで名古屋まで足を延ばしたこともあります。あちこちの大会で賞をいただき、賞状を飾る場所がなくなって困るほどでした。

塾を支えてくださる方も増えました。この年は平塚市議会議員で書道奨励協会会長の田中真洲先生が柏木塾の顧問になってくださいました。叔父の田中三次と竹馬の友だった縁です。

校舎は創立以来7年間、終戦直後に建てた掘っ立て小屋のままでした。これをなんとかしたいとずっと思っていたところ、足柄郡立関本小学校（現南足柄市立足柄小学校）が解体され、鉄筋コンクリート造りに建て替えられるらしい、という情報を聞きつけました。打診をしてみると、幸いにも図書館を払い下げてくださるということで、柏木塾のある高座郡大和町（現大和市）に移設することができました。53年6月、木造2階建ての校舎が完成しました。次いで62年、63年、66年に増築し、8教室と職員室、印刷室及び校長室を備えるに至り、70年には自宅部分に鉄筋3階建ての校舎を建てました。

53年9月30日、「柏木簿記珠算学校」設置の認可を申請。同年10月31日、各種学校として神奈川県知事の認可を受けました。校長には私が就任しました。ようやく私塾から私立の学校になったのです。

開校祝賀会には、後に妻となる茂登子を紹介してくださった衆議院議員の岩本信行先生をはじめ、大和町長、町議、建設会社社長、町の有識者の方々がお祝いに駆り付けてくださいました。

結婚式で二つの失敗

柏木塾から「柏木簿記珠算学校」へ。新たな船出です。学校運営も大変ですが、日本商工会議所の地方珠算技術委員や、藤沢商工会議所では簿記検定の実施に関わり、さらに藤嶺学園女子高校、相模女子大学高等部の講師を務めるなど、多忙な日々を送っていました。

年老いた両親は、私に早く身を固めてほしいと思っていたようですが、私の頭の中には仕事のことしかなく、結婚する気持ちはまるでありませんでした。

そこに、かねて親しくさせていただき、「柏木塾」時代には名誉塾長をしてくださった岩本信行先生（当時衆議院議員、元国務大臣）が、お見合い相手を紹介してくださったのです。

相手は岩本先生の長男直道氏（後に県議会議長）の奥さんの妹に当たる人です。私が高座郡渋谷町で、成人学校の講師をしていた会場に、彼女は来ていたらしいのです。見合い前に私がどんな人物か、知ろうとしたようです。

ひそかに見合いの段取りが進められていたのですが、もちろん私が知る由もありません。その後岩本先生に呼ばれ、「ちょっと会ってみないか」と勧められ、断る理由もないものですから、「はい」と承諾の返事をしました。

見合いの場所は岩本先生のご自宅でした。その後二人で新宿に行き、映画を見たことは覚えています。あとは親同士で決めました。昔の結婚はそうしたものでした。

江の島近くのホテルで結婚式を挙げた27歳の筆者（左）と25歳の新婦茂登子＝1956年12月

結婚式は1956年12月15日。彼女は井上茂登子といい、私より2歳年下の当時25歳、式場は江の島水族館近くのホテルでした。

当日、私は二つの大失敗を犯しました。一つは式に1時間も遅刻したことです。両親や親戚は早々と式場に入ったのですが、私は学校で助手の先生と打ち合わせをした後に行く予定で、タクシーを頼んでいました。ところが、タクシーが迎えに来ないのです。大和にはタクシーが何台もなかったので、やりくりができなかったようです。

式場では「お婿さんが来ない」と大騒ぎをしていました。私も途中から電車にすればよかったと後悔しましたが、後の祭りです。

それ以上の失敗は、お世話になった小学校の担任、牛窪全浄先生の席を用意していなかったことです。私が牛窪先生をうっかり欠席処理していたためです。先生の座る場所がないと、両親や関係者は慌てていました。私が到着すると出席者五十数人の顔に険が立っていました。私は平身低頭で謝りました。牛窪先生の席は新たに用意してもらい、なんとか無事に披露宴を済ませることができました。

新婚旅行の予定は、ありませんでした。武骨で生真面目な私は、生徒が明日も来るのだから、結婚式は出張扱いのように考えていたのです。学校のことが心配だったからですが、それでは妻になる茂登子にも、妻の親戚にも申し訳ないことだと、日をおいて湯河原に1泊2日の温泉旅行に行きました。

大和の商工会と連携

私は柏木塾を開いた時から、経営的に利益を追求することよりも、将来的にそろばんを通じて、簿記会計や経営分析などのビジネス教育を広めていきたいと考えていました。

まずは各種学校にすることで教育の場を公にしたいとの目標を掲げ、「柏木簿記珠算学校」として実現させました。

ただし、学校になると塾とは異なり、2年あるいは3年と修業年限が設けられます。生徒の数は一時的に減りました。勉強を続けたい生徒に対しては、研究コースをつくって残ってもいいようにしました。

当時は洋裁学校や珠算教室、書道教室などの私塾がどんどん増えている頃です。そんな折、1945年に平塚で「富士見洋裁学院」を設立した清水運平先生が私を訪ねて来られました。

清水先生は「県内の私塾や学校が連携すれば、文化の発展にも貢献できるし、私学の振興も図れると思う。協会のような団体をつくりたいと思っている。経理学校の分野からぜひ協力していただけないか」と請われました。

私も同じことを考えていたので即断即決しました。清水先生をはじめとした洋裁学校の経営者や校長を中心に活動された結果、57年に社団法人神奈川県各種学校協会が結成されました。翌年には県内の洋裁学校協会と各種学校連合会を加えて3団体が統合され、全国各種学校総連合会神奈川支部となったのです。あらゆる業種において、相互に絆を強めながら発展策を考えようとしていたのです。

敗戦で混乱し、将来は不透明、国の指導力もまだ十分でない時代です。ですから、なおさらのこと業界内で相互に協力することが求められていたのです。自分の教室や学校だけが発展しても、業界全体の振興がなければ結局は長続きしない。全体の発展を図ることが個々の発展につながると考えていました。

私は日本珠算連盟の理事、社団法人全国経理学校協会の代議員など各種学校の関係団体での活動に夢中で取り組みました。

そして60年、前年に市制が施行された大和に、待ち望んでいた大和商工会が誕生しました。「商工会の組織等に関する法律」の公布により、商工会議所のない市町村に商工会をつくることになったためです。

それまで私は、近隣の藤沢や厚木、横浜などの商工会議所で、簿記や珠算などの検定試験のお手伝いや講演をしてきました。地元の大和に商工会ができてからは、大和商工会とのお付き合いを強めるように意識しました。

この時期の出会いと交流は私自身にとっても、柏木学園にとっても、大きな財産となりました。95年に同商工会が大和商工会議所になって以降、本学園との結び付きはますます強まっています。

本学園の卒業生が、同商工会議所の会員企業に就職する機会が増えたらと思い、私も講演などさまざまな形で協力させていただいております。

全国各地で講演活動

日本珠算界の重鎮である川村貫治先生と親しくさせていただくようになると、日本商工会議所や通商産業省（当時）などから私に講演依頼がくるようになりました。おそらく川

全国専修学校各種学校総連合会の壇上であいさつする筆者＝1990年

村先生の口利きがあったのでしょう。

最初の講演は１９５０年代の初めで、神奈川県の横浜貯金局でした。そこで私は、ある女性局員に向かって「なんでこんなことが分からないの？」と言ってしまいました。私よりも年上の女性局員が涙する表情を見てハッとわれに返り、自分の失言を悔いました。

10代から塾や学校で教えていたので、人前であがることはありませんでしたが、生徒に話す感覚で年配の人にも接してしまったのです。もっとＴＰＯ（時と場所、場合）をわきまえた話し方をしなければと痛感しました。そこで著名な方の講演会に何度か行き、勉強させていただきました。

私の講演会のテーマは「これからの珠算教育」「塾の経営」「検定資格の取得を広めるために」などです。50年代後半、商工会議所および全国商工会の依頼で地方へ講演に行くと、「東京から来た」というだけで歓迎され、真剣に話を聞いていただけました。私も何かを教えようなどと構えずに「東京から最新のニュースをお届けする」という気持ちで臨みました。

また、専修学校・各種学校の研修会やイベント開催で地方に出向いたときは、地元の県知事にお目にかかる機会があります。その場を利用して私は、私学補助の助成金をお願いするのが常でした。地方の教育関係者は総じて、助成金制度があるのにもかかわらず、うまく交渉できていないようでした。神奈川県は、県内の専修学校・各種学校に対して全国で初めて助成金を出していました。私は何とかして全国に広めていきたいと考えていたのです。私が各知事に面会し、「県内には優秀な学校がたくさんあります。ぜひ助成金を出していただき、新しい教育を振興させ、有能な人材育成にお力添えください」とお願いすると、ほとんどの県の知事は、快諾してくださったものです。

71年には「学校法人会計基準」が制定されました。それまでは単式簿記で問題はなかったのですが、複式簿記による正確な会計帳簿の作成を義務付けたのです。翌年2月28日、神奈川県庁の職員2人が訪ねていらっしゃいました。改正された学校法人会計基準について、県内私立学校の担当者に解説してほしいという講演依頼でした。

その日の私は、学校のテレビから目を離せませんでした。長野の浅間山荘事件の生中継です。人質をとった過激派の連合赤軍が立てこもった浅間山荘に、警察が突入したシーンは息をのむ思いがしたものです。

県庁の方にも「大変な事件です。一緒に見ましょう」とお誘いし、3人でテレビにくぎ付けになりました。なかなか中継が終わらないので、講演依頼は受けることにして、詳細は電話で打ち合わせすることにしたのです。

大和商業高等専修学校校歌

一、大和の丘に　集い来て
日々を　新たに　学び合い
明るく　出逢う　友情の
若き　われらに　希望あり
あ、　大和商業　わが母校

二、相模の灘の　潮騒《しおさい》に
建学　理想の　証《あかし》あり
こころ　豊かに　たくましく
若き　われらに　力あり
あ、　大和商業　わが母校

三、丹沢連峰　仰ぎみて
自主と　平和を　誓いあい
叡智を　求め　道ひらく
若き　われらに　誇りあり
あ、　大和商業　わが母校

都筑ヶ丘幼稚園園歌

一、風がね
緑がね
ルルル……
今日もやさしく　ささやいて
よいこの笑顔　なでてゆく
ここは都筑ヶ丘　幼稚園
輝くひとみに　夢のせて
仲よしこよしが　伸びてゆく

二、小鳥がね
よいこがね
ルルル……
光りあふれる　この丘で
希望の歌を　うたってる
ここは都筑ヶ丘　幼稚園
富士のお山を　指さして
仲よしこよしが　伸びてゆく

第4章

激動の日々で見つめた心の内

姉のがん発症に心痛

私は１９５６年に茂登子と結婚し、57年に長女の玉江、59年に次女の誠子が誕生しました。２人の名前は、私の珠算の号「玉誠」から、１字ずつとっています。そして61年には長男の照正が誕生しました。３人の子どもに恵まれ、私はますます仕事に全精力を傾けていました。

世はまさに好事魔多し。長男誕生と同じ年、姉の貞子ががんに侵されていることが分かったのです。乳がんでした。あちこちの病院に診てもらい最終的に、手術をしていただいたのは、プロ野球の王貞治氏の兄である外科医の王鐵城《てつじょう》先生です。手術後、先生から、もう手の施しようがないと告げられました。現在なら治療も可能かもしれませんが、当時の医療技術では難しかったのでしょう。

本人にはがん宣告をしませんでした。今と違ってがんイコール死と思われていた時代です。姉は自分が余命いくばくもないことを知らなかったと思います。

15歳上の姉には、幼い頃から大変世話になりました。母は40歳で私を産んだので、私が小学校高学年の時は50代。姉が母の代わりに私の面倒を見てくれたのです。「本を買いたい」

と言うと、伊勢佐木町の有隣堂に連れていってくれました。学校の三者面談や保護者会にも姉が来てくれました。

ありし日の姉貞子（左）と田部井さん＝1950年代

姉が嫁いだのは41年です。私は国民学校6年でしたが、姉を取られてしまうようで泣いてしまった記憶があります。結婚相手は戦地に行くことが決まった人でした。結婚生活はわずか1週間。彼は戦死し、姉は戦争未亡人となりました。

その後、姉は働きながら1人暮らしをしていましたが、終戦間際の数カ月は東神奈川の叔母の家で、叔母と私と3人で暮らしていました。また、横浜大空襲の後は大和へ避難し、両親や妹とともに生活したのは良い思い出として残っています。

姉はしばらくして田部井未満さんと再婚

しました。その義兄は終戦後、満州から引き揚げてくる途中で妻を亡くし、銀行に勤めながら小学生の子ども2人を育てていました。結婚後、銀行を退職した後は、柏木学園の仕事をしていただきました。田部井家の墓は東京・浅草の真言宗吉祥院にあり、年3回お参りしています。

ところで、姉の病状を知った私は、心が乱れてしまいます。日本珠算連盟、各種学校連合会、全国経理学校協会、全国商工会など対外的な会合に出席するときは自分を戒めていましたが、柏木簿記珠算学校のデスクで仕事をしていると、つい姉のことを思い、胸が詰まるのです。仕事にも影響しそうなほどでした。

私は自分の心を落ち着かせるには、どうしたらよいかと悩みました。あれこれ考えた末に、鎌倉の臨済宗円覚寺を訪ねることにしたのです。円覚寺は一般向けの座禅の会を開いていました。夏目漱石が参禅し、その時の経験を小説「門」や「夢十夜」に書いています。私はここで朝比奈宗源管長に出会ったのです。

座禅や読経で心静め

1961年、姉のがん発症を機に私は週1回、日曜の朝に鎌倉の臨済宗円覚寺に通うようになりました。

座禅を組んでいると、朝比奈宗源管長が「柏木さん、いま横須賀線の音が聞こえたでしょう。だめですね」「木の葉が揺れた音が聞こえましたね、まだだめです」とまるで私の雑念を見通したように指摘されます。無心の境地になることの難しさを痛感しました。

座禅の後、「般若心経」や「白隠禅師座禅和讃《わさん》」を学びました。また小田原の先祖が眠る宗圓寺《そうえんじ》での法要の時に、曹洞宗の道元禅師の教えをまとめた経文「修証義」も唱えます。この経文は死への迷いを解いてくれるもので、生者必滅、命あるものは死が避けられないこと、人にはそれぞれ寿命があることなどが少しずつ、理解できるようになりました。そして姉が生きている間は、少しでも顔を合わせて話をしようと思えるようになったのです。

姉が病に伏した年に、私は自動車免許を取得しました。藤沢の長後、厚木、平塚、綾瀬、横浜の二俣川や三ツ境など各地に開いた珠算研究所は、私の教え子が先生になっていましたが、私も定期的に巡回指導していました。そのために自由に動ける自動車免許が必要になったのですが、姉に会うためでもありました。

免許を取る前に軽自動車のマツダクーペを購入。車体は目立つ赤にしました。近所の人に教えてもらいながら、空き地で走行練習をしました。運転免許試験場は当時、横浜の六角橋にありました。学科試験の合格者だけが、1カ月後に実地試験を受けることを知り、1500円の問題集を買って学科の勉強だけをして試験場に行きました。

姉のがん発症を機に、座禅や読経をするようになった筆者（手前左）＝1960年代

そして無事に学科合格。その日は受験者数も合格者数も少なく、教官が「今日は人数が少ないから、技能試験も今日やります」ということになりました。げたを履いていた私は、慌てて運動靴を買って技能試験を受けました。試験場は坂道がある難しいコースで、ほんの少しハンドルを握っただけの経験ですから、その日は不合格でした。私は奮起し、練習を重ねて、次の技能試験で合格しました。

私は免許取りたての身で、姉の入院する病院まで運転し、しばしば見舞いに行きました。病室の窓から「見てよ、あの赤い車を買ったんだ。姉さんが治ったら一緒にドライブに行こう」と励ましました。生まれたばかりの長男を連れて行くと、とてもうれしそうに笑ってくれました。

同年12月25日、姉は帰らぬ人となりました。私は円覚寺での座禅や朝比奈管長の教えのおかげで、感情をどうにかコントロールできたのだと思います。

その直後の翌年正月、禅問答の会に朝比奈管長が私を特別に招待してくださいました。何か悩みがあるのだろう、と思われたのでしょうか。私は結局、気持ちを打ち明けはしませんでしたが、尊い経験をさせていただきました。以来、毎朝「座禅和讃」や「修証義」を唱えています。

毎朝自宅で「お参り」

父が神道系の神習教の「教師」という神主のような仕事をしていたため、私は子どものころから毎朝、神棚にお参りしていました。父をまねて短い祝詞もあげていました。

姉貞子が亡くなってからは、家にある神棚と仏壇、そしてお稲荷様に手を合わせるのが日課になっています。

毎朝6時に起床。洗顔が終わると、神棚に祝詞をあげ、仏壇の前では20分ほど「般若心経」の一部と「修証義」などを唱えます。

続けていると、命は尊く、生きていることのありがたさが身にしみてきます。最近になってようやく、いつお迎えが来てもありがたいことなのだ、という境地に至ってきました。どんなに偉い人でも、どんなに高度な医療を尽くしても、最後は皆、ただ黄泉《よみ》の国に行くのみであると、本当の意味でわかった気がしています。

仏壇の前では読経に続き、亡くなった方の戒名を唱えます。年々増えて、今では100人を超えます。家族・親戚だけでなく、生前に私を支え、導いてくださった恩師や友人は千金の宝で、故人となってもなお、私にとっては生前と同じ存在感があるのです。戒名を読み上げることで、皆さんとのお付き合いを続けていると思っています。

そして自宅の庭にあるお稲荷様（柏木学園稲荷大明神）に参ります。毎月1日と15日には榊《さかき》、塩、酒など盛り物を全部取り換えます。

この稲荷は1946年、「珠算研究柏木塾」を開設する際に、父が平塚の親戚からいただいてきて、自宅兼教室の庭にお祭りしたものです。鉄筋コンクリート3階建ての校舎を新築した際に新校舎の屋上へ。続いて2011年、校舎の建て替えにより、自宅の庭に遷

自宅の庭にあるお稲荷様にも毎日、お参りは欠かさない
＝2017年4月、大和市内

宮しました。

毎年2月、最初の午《うま》の日（初午《はつうま》）に初午祭を行っています。この日は、学校関係者や仕事の関係者、知人、地域の方々などにお参りしていただき、その後隣接する柏木学園カルチャーセンターで、皆さんとお茶会を催します。

こうして私は毎朝、自宅で一連のお参りをすること約1時間。自分の心が落ち着く貴重なひとときとなっています。

家での習慣は、商工会議所や珠算、各種学校業界の振興を目的とする講演で、全国各地に出掛けるようになった旅先でも自然と行うようになりました。仕事が終わると必ず近くの神社仏閣にお参りに行きます。そして「般若心経」と「修証義」を唱えるのです。旅先でも自宅のときと同じような心安まる時間を持ちたくなるからでしょう。

あるとき、「そうだ、仕事の旅に併せて、札所巡りができるのではないか」とひらめきました。こうして65年ごろから意識して、札所を巡るようになりました。

最初は関東近県にある坂東三十三カ所の観音霊場を巡り、それを制覇すると秩父三十四カ所、そして西国三十三カ所の合わせて百観音参りを目指しました。

仕事の後で札所巡り

山形県の「出羽三山」のうち、月山本宮に参拝する筆者＝2009年8月

坂東・秩父・西国の札所を100カ所回ることを、百観音参りといいます。その「満願」を目指している頃、私は並行して四国八十八カ所の札所も回り始めていました。

札所巡りでは、お参りしたら御朱印帳（納経帳）や御朱印軸（納経軸）に御朱印をいただきます。坂東と秩父では御朱印帳にいただいたので、西国と四国は御朱印軸にしました。掛け軸用の絹布に書いていただくのです。

四国の最初は33番の雪蹊《せっけい》寺（高知市）。御朱印をいただこうと真っ白な御朱印軸をお渡ししたところ、受付の方が首をかしげています。私は1番から32番を飛ばしていきなり33番の札所を訪れたので、奇異に思っているのだろうか、と勝手に解釈していたら「あなたは女難の相を解きに来られたのですか」と聞かれました。

まるで予想外の質問です。「いえいえ、とんでもない。どうしてそんなことをおっしゃるのですか」と返答すると「当山は第33番札所です。33は女性の厄年でもありますから」。そんな考え方もあるのかと再度驚き、仕事の都合でたまたま最初に来たのだと説明しました。双方で大笑いしましたが、中には本当にそういう目的で見える方がいらっしゃるのかもしれません。

ところで、私のお参りは仕事の後なので、いつも背広姿でカバンを提げていました。何寺か巡るうちに丸めた御朱印軸の入る幅のカバンを購入しましたが、しばらくは釣りざお入れを使っていました。

時間の制約もあるのでタクシーを利用することも度々ありました。ある札所でのことです。大きなお寺で、入り口までタクシーに乗って行き、そこから長い階段と坂道を歩いていきました。息遣いも荒くなって、ようやく本堂に着き、お参りを済ませて御朱印をいただこうと御朱印軸を出すと、受付の方がきつい目を私に向けました。

「あなたはタクシーで来たでしょう」

「はい」

「どういうおつもりでお参りに来たのですか」

どうやら防犯カメラで、私がタクシーで来たのをご覧になっていたようです。私は返す言葉がありませんでした。

「周りの皆さんをご覧なさい。巡礼装束で歩いているでしょう。あなたは観光目的ですか」と手厳しく指摘されました。さらに続けて「お遍路としてお参りするなら、皆さんのように巡礼装束で歩いてお参りなさい」。

全くその通りで、異論のあろうはずもないのです。しかし、仕事の旅を利用した巡礼なので、その後もやむなく背広とタクシーでのお参りは続けさせていただきました。

四国では御朱印のほか、各寺院で仏様のお姿のお札をいただき、これも掛け軸にしました。四国八十八カ所は2年ほどかけて回り、御朱印軸は毎年、お彼岸とお盆に、西国の御朱印軸と一緒に飾っています。

郵便局名印　旅で収集

１９８５年ごろから約15年間、私は旅に出ると郵便局巡りをしました。各地の郵便局で貯金し、通帳にその局名印を押してもらうのです。始めたのは自分がいつどこを旅したのか、備忘録代わりになると考えたからです。

いざ始めてみると、局名印を押してもらうために、町にある郵便局を探して回ってしまうほど熱中しました。局名印が実にバラエティーに富んでいて楽しくなったからです。

羽田空港の郵便局には飛行機の絵柄、北海道・小樽の郵便局にはガス灯の絵柄がついていました。また高知の「四万十トンボ郵便局」、秋田の「みちのくの小京都武家屋敷が並ぶ角館郵便局」など、名前がユニークな局もありました。

毎年夏に行く長野の軽井沢郵便局は、かつて漢字、片仮名、英文字と3種類の局印があり、気に入ったものを選べました。私は3回行って3種類とも押してもらっています。

ある夏、山梨の小淵沢駅から長野の小諸駅まで結ぶＪＲ小海線の沿線をたどったことがあります。ほぼ各駅に郵便局があると知ったからです。この時、長野の小さな局で局長が私の通帳を見て、「あのう、もしよかったら、このうちの１００万円を定期貯金にしてくれませんか」とお願いされました。

いつの間にか100万円を超えるほど、郵便局巡りをしていたのです。私が承諾すると大いに喜んでくださり、ビール半ダースにグラス二つ、さらに局長自らのプレゼントとして、すてきな絵はがきセットを2組下さいました。

長崎では窓口の女性局員が、私の通帳の局名印を見て、東京・豊島区の大塚駅前郵便局が頻繁に登場していることに気付いたらしく、「実はついこの間まで私の隣で一緒に仕事をしていた人が、結婚してこの郵便局に移ったのです」と話しかけてきました。

豊島区北大塚には59年から長く関わってきた社団法人の全国経理学校協会があり、当時同協会には月に何度も通っていたのです。行くと交通費と執務費を下さるので、帰り道にある大塚駅前郵便局に寄って貯金していました。

私が「どんな方？」と尋ねると、まさに私が知っている人でした。局員に「今から手紙を書きますから渡してもらえますか」と頼まれ、二つ返事で引き受けて、大塚の局にいるその局員にお手渡ししました。

仕事で旅に出たときは朝、宿の近所の郵便局を巡ることが多く、事前に名前を記入した預入用紙をカバンに入れていたので、手続きは簡単に済みました。

しかし、郵便局が土曜日を休業するようになると、局名印集めも次第に回数が減っていきました。講演などは土曜や日曜に行くことが多いからです。

今、古い通帳に押された局名印を見ていると、そこを訪れた時の記憶がよみがえります。逆に言えば局名印を求めて訪ね歩いたからこそ、頭に深く刻まれているのかもしれません。

思い出深い夫婦旅行

結婚して以来、毎年1月14日に妻と京都に行くのが恒例行事になっていました。1月15日の成人の日（99年まで。現在は1月第2月曜日）は、朝からいろいろな寺社にお参りした後に、必ず三十三間堂で「通し矢」を見学します。通し矢は江戸時代、武士が弓の腕を競い合ったのが始まりといわれ、現在は60メートル先の的を狙う遠的競技となっています。通し矢には成人式を迎えた女性も出場しました。色とりどりの振り袖にたすきを掛け、はかまを着けた格好で弓を射るのです。その華麗な姿を見るのが旅のお目当ての一つでした。

その日の晩に奈良へ移動。成人の日の夜に行われていた古都の新春を彩る若草山の「山焼き」を見ました。いてつく夜空を焦がす炎と、美しい花火との競演は、何度見ても感動

京都・西山 善峯寺

しました。そして、大勢の見物客の中に身を置いて眺めているうちに体が温かくなってきます。「今年も良い一年を過ごそう」と力が湧いてきたものです。

阪神淡路大震災が起きた95年も、私たち夫婦は京都に行きました。この年は例年と同じように1月14日に京都、15日に奈良に宿泊し、16日は神戸に向かいました。六甲山に野生のイノシシ親子が4頭いて、餌を求めてロープウエー付近に出没すると聞いたので、見に行ったのです。

それから私たちは、いったん京都に戻りました。もう1泊するかどうか迷いましたが、疲れ切っていたので最終の新幹線に乗り、大和に戻ってきました。その翌17日の早朝に、あの大震災が起きたのです。大変驚いて、テレビにくぎ付けになりました。以来私たちは、通し矢を見に行かなくなりました。京都にはその後も行きましたが、成人の日前後は、あの震災で深刻な被害を受けた皆さんのことを思うと、どうにも足が向かないのです。行かないでいるうちに、通し矢も山焼きも開催日が変更されていました。

妻とは国外・国内に限らず、一緒に出掛けていました。二人とも旅が好きなのです。特に私は地方の土地や風土、人情に触れることが人生の一つであると思っています。時折ふらりと一人で旅に出ていた父忠治の血が、私にも流れているのだろうと思います。

夫婦で最近出掛けたのは２０１４年、浜名湖花博の10周年事業として開かれた第31回全国都市緑化しずおかフェアです。その後、愛知県蒲郡市へ足を延ばし、蒲郡クラシックホテルに宿泊しました。同ホテルは34年に建てられ、経済産業省の近代化産業遺産に登録されています。建物の中に歴史が詰まった、素晴らしいホテルでした。

翌日、三河湾に浮かぶ竹島という小さな島を散策しました。希少な植物群が自生しており、国の天然記念物に指定されています。

残念にもフェアから戻って間もなく、妻は体調を崩してしまいました。元気になったらまた一緒に、旅に出掛けたいと思っています。

皆で創立20周年祝う

1960年代、日本経済は戦後復興を経て高度経済成長軌道に乗ります。64年にアジアで初めて開催された東京五輪、東海道新幹線の開通は、まさにその象徴でした。日本全体が活気に満ちていたのです。

同年1月、それまで「柏木簿記珠算学校」だった校名を、実業教育の充実を図るべく「柏木実業学校」と改称しました。日々進歩・変化する日本の経済社会にマッチした実業教育をしようと考えたからです。

例えば電卓です。60年代に登場した当時は、重さが15キロ以上もある大型卓上計算機でした。しかし、私はおそらく電卓がそろばんに代わる機器になると感じていました。簿記と珠算を教えるだけの学校では、生き残っていけないという危機感が芽生えていました。実際、70年代になると電卓は小型化が進み、価格も下がり、個人が手にできるようになりました。90年代に入ると、就職採用の条件にそろばんの技能が要求されることがなくなっています。そろばんは完全に、電卓やパソコンに取って代わられました。

もともと私は、そろばんは計算の道具でしかないと考えていたので、動揺はありません

創立20周年を迎えた記念式典であいさつする筆者
＝1966年9月、大和市民会館

でした。もっともそろばんの技能は今でも、知能トレーニングとして優れていますが、私は経理の実務教育の充実に注力することを選択したのです。

66年9月、柏木塾を創立してから20周年を迎えました。記念式典を大和市民会館で開催。教育関係や行政、経営関係、友人・知人などお世話になった方々においでいただくとともに、永年勤続者の表彰などを行いました。

うれしかったのは、運営から実行までのすべてが、卒業生の手によって行われたことです。卒業生の皆さんは、それぞれ立派な社会人になって忙しいのに、時間を割いてくれたのです。大変感激しました。

また、「柏木実業学校20年の歩み」を発行。学校の記念誌はこれが最初でした。巻頭には知事の内山岩太郎氏をはじめ、衆議院議員の小金義照氏と安藤覚氏、全国各種学校総連合会会長で参議院議員の迫水久常氏、内閣官房長官で社団法人・全国経理学校協会会長の愛知揆一氏（肩書はすべて当時）など20人もの方々から祝辞を寄せていただきました。加えて数多くの卒業生の皆さんが、塾・学校時代の思い出をつづってくれました。

小さな学校が20周年を迎えられたのは、そうした皆さま方や、保護者の方々の励ましと指導、卒業生や在校生徒、教職員の努力のおかげです。今、当時を思い返しながら20周年記念誌を読むと、その思いがさらに強くなります。

この20年で、ようやく学校の基盤が築けたと確認できたことにより、私は次のステップに踏み出すことにしました。翌67年、私は県各種学校協会の理事に就任（89年会長に就任）します。そして、長い間構想していた新しい教育に、いよいよチャレンジしようと考えていました。

原因不明の大病患う

忘れもしない1969年のこと、私は生死の境をさまようような病気を患いました。1月8日、寒い中を知人の告別式に参列したその晩に、扁桃《へんとう》が腫れました。前年の暮れから風邪気味だったのが悪化し、寝込んでしまいました。

それでも当時、平塚や藤沢など県内8カ所に分教場（珠算研究所）を設けており、巡回指導で忙しかったので病院には行かず、自宅まで往診してもらいました。主治医の村田勇先生は校医でもあり、1日3回ほど来ていただきましたが、一向に回復しません。むしろ悪化する一方でした。頭が痛いのでねじり鉢巻きをして、分教場の先生に指示を出していました。

別の医師の何人かに診てもらいましたが、それぞれ違う病名をつけられ、結局何の病気か分からずじまいでした。寝込んでから2週間後に、40度近い高熱が出ました。スプーンが床に落ちただけで頭に響き、猛烈な頭痛に襲われました。往診の医師たちはついにさじを投げ、私に入院を強く勧めました。

私が厚木市内の病院に入院すると、病院側は妻に「どうしてこんなに重篤になるまで病

小学校１年生になった長男照正（右）と筆者＝1967年ごろ

院に連れてこなかったのか」と叱ったそうです。

私は目の周りが腫れて開かず、口もきけない状態でしたが意識はしっかりしており、周囲の声は聞こえました。入院当日、隣室の患者が「あの人、今夜がヤマよ。気の毒に」などと言っているのが耳に入ります。「危ないから、もうすぐナースステーションの前の病室に移されるわよ」とも話しています。その通り、「柏木さん、お部屋が替わります」となりました。

それでも私自身は不思議と死ぬことを意識はせず、怖くもありませんでした。ただ、原因が分からないのが不安でした。

主治医になった女性医師は熱心に原因を

突き止めようと、非番の日でも私の病気のことを調べてくださいました。さまざまな薬を投与されましたから、どれが効いたのかは分かりませんが、入院して1週間後にベッドがぬれるほど一気に汗が出ました。妻は慌てて近くの百貨店に行き、サイズの合うパジャマをあるだけ買ってきました。たしか7着でした。

今、振り返ればインフルエンザの香港A型だったようですが、当時は原因不明なまま次第に病状が回復し、4月に退院しました。

私が入院中、妻は毎日、大和から電車に乗って見舞いに来てくれました。まだ末っ子の長男が8歳と幼く、年老いた両親もいたので、臨時にお手伝いさんに来てもらいました。とても大変だったと思います。私が退院して1カ月ほどたった時、妻がメニエール病で倒れてしまいました。厚木の病院で私の主治医だった先生に、自宅に緊急に来ていただき、手当てをしていただきました。

ご飯の支度が私の役割になりましたが、今と違ってお総菜屋さんはありません。毎日、どう調達するか頭を悩ませたものです。

幼児英才教室を開始

作家の寺内大吉さん（左）と「英才教育」をテーマに対談する筆者＝1971年5月

大病を克服し、仕事に復帰すると、やるべき学校の懸案事項がたくさんたまっていました。でも無理はできません。体力回復のために知人に勧められて投網にチャレンジすることにしました。茅ケ崎の釣具店で私の身長に合わせた網をつくってもらい、投げ方を教わりました。最初はうまく網が広がらず、悔しい思いをしたことで、週に1度は通うようになりました。

その日は家族全員で、平塚の海岸にある堤防に来ていました。投網の先生である釣具店の店主も一緒です。店主から「波をよく見て、光っている波が来れば小魚の群れがいる証拠。後ろに大きな魚が小魚を追って来るので、「そこを狙うこと」と助言を受けて、私は待機しました。でもなかなか光る波は来ません。焦らないよう自分に言い聞かせていると、ついに光るうねりが見えたのです。

うねりの少し後ろを目がけて網を打つと、手に響く当たりがあります。体が引っ張られました。慌てて家族や先生が私の腰を押さえてくれました。引き上げてみると何と立派なクロダイです。大感激しました。リハビリの成果としては十分すぎるご褒美でした。

すっかり健康を取り戻した私が取り組んだのは、長年構想を温めていた幼児教室をつくることでした。塾や学校で多くの生徒たちと接するうちに、幼児期の教育に関心を持ったことがきっかけでした。私自身が3人の子どもを育てた経験を含め、幼児期の教育はその後の人間形成に重要なテーマになると考えたのです。

そろばん塾を始めた頃は戦後間もなかったこともあり、そろばんを学ぶ以前に、漢字が読めない、計算ができない子どもが何人もいました。そういった子どもでも、手作りの教材で工夫して教えていくと、自分で勉強するようになりました。手を差し伸べれば、子どもは主体的に努力すると分かっていました。

私は幼児一人一人に目を行き届かせ、その子の持つ能力を最大限に伸ばせるような英才教育をしようと考えました。自ら生涯学び続けられる人間の育成です。

当時の私の座右の銘は「生涯学べ」です。「幼児期に学べば知能を開発し、少年期に学べば青年期に益し、青年期に学べば壮年期に成すことあり、壮年期に学べば老年期に衰えず、老年期に学べば死しても朽ちず」。私の人生の指針となった言葉です。

私は自分の構想をいろいろな人に話しました。「大和から秀才を出そうよ」。すると、幼稚園教諭や保育士として働く柏木実業学校の卒業生たちが、私に賛同してくれたのです。

幼児教室は柏木実業学校のコースの一つとしてつくりました。1970年のことです。当時は今と違って役所の対応もおおらかで、届けを出しただけで設立できました。

最初の生徒は3歳児が2人、4歳児が4人、5歳児が3人の、9人からのスタートでした。子どもたちの親の多くは、かつての私の教え子でした。

幼児教室　家庭と共に

子どもは遊ぶことが生活の基礎であり、成長に必要なことです。そして、遊びに飽きたら自ら勉強するような英才教育のプログラムを作りました。

柏木実業学校の屋上で遊ぶ園児と筆者（右）＝1970年代、大和市内

勉強は「読み書き計算」のほか、書道も3歳から始めました。ただ、書道の授業だけは保護者にも来てもらい、一緒に筆の運びや書き順を学んでいただきました。授業は1日6時間。言語（英語・日本語）、書道、自然（数）、健康（体操）、社会、音楽、絵画の7科目が正課です。中でも読み書きに重点を置き、歌で英語や掛け算を楽しく学べるように工夫しました。

入園から4カ月がたった時点で全員が平仮名の読み書きをマスターしました。4、5歳児は簡単な計算もできました。暗唱をさせれば、かるたなどはたちまち覚えてしまいます。幼児の脳の柔軟さにこちらが驚くほどでした。

子どもたちの能力を高めるには、家庭の協力も欠かせません。夏休み期間中に私は、担任と一緒に全員の家を1軒ずつ家庭訪問しました。その子の家庭環境、すなわち家の間取り、祖父母との同居の有無、きょうだいなどを知ることで、教室での指導の仕方を工夫しようと考えたからです。

偶然ですが、ほとんどの家庭で祖父母が同居していました。お年寄りと一緒に遊んだり、生活の知恵を教わったりするのは大変良いことです。しかし、子どもに甘すぎる祖父母もいますので、「節度をもって孫と接してほしい」「かわいいからと何でも無条件に与えず、努力して何かを成し遂げたときは、褒めて与えるようにしてほしい」とお願いしました。

また私は「家庭で手伝いをさせてほしい」とお願いし、その方法も伝えました。例えば最初は毎朝、玄関から朝刊をとってくることを頼みます。ありがとうと言って受け取り、次の日は朝刊を取ってくることと、もう一つ別の用件を加えます。翌々日は前日までの二つにもう一つプラスして、三ついっぺんに頼むのです。少しずつ課題を増やすことで、対応力がついていきます。それから睡眠時間を十分に取らせることもお願いしました。

家庭には毎週、教室のスケジュールを配付し、月に1度保護者との面談を行いました。保護者に育児についての心配や不満などを話していただき、子どもの成長を両者で導くように努めました。

知能指数（ＩＱ）検査は年に３回実施。入園から半年後、１年後と時がたつにつれ、どの子にも格段の向上が見られました。初年度の９人は、３人が医師に、２人が教員になったほか、公認会計士や税理士、大手マスコミに就職しました。

英才幼児教室は３年続きました。生徒が30人になったところで教室が手狭になり、近くに専用の校舎を新築することにしましたが、工事期間中の仮教室や生徒募集の調整がうまくいかず、残念にも閉鎖することになってしまいました。

数字を使った珍名さんの紹介

1 一寸木（ちょっきさん・ますぎさん）
2 一尺八寸（かまづかさん・かまつかさん）
3 二（したながさん）
4 二十九（ひずめさん）
5 三八九（さばくさん）
6 三百苅（さんびゃくがりさん）
7 四月一日（わたぬきさん）
8 四十物谷（あいものやさん）
9 五六（ふのぼりさん・ふかぼりさん）
10 五百旗頭（いおきべさん）

11 六角屋（むすみやさん）
12 六月一日（うりはらさん・くさかさん）
13 七夕（たなばたさん）
14 七五三（しめさん）
15 八七橋（やなはしさん）
16 八月一日（ほずみさん）
17 九十八（にたらずさん）
18 九郎明川（くろめがわさん）
19 十八（とわさん）
20 十一月二十九日（つめづめさん）

第5章

学校法人柏木学園の4つの教育機関

柏木実業専門学校·高等課程商業科（現大和商業高等専修学校）の修学旅行＝1990年、韓国　第１班

認可受け専修学校に

「柏木実業学校」は県知事に認可を受けた各種学校です。私たち業界団体はこれで満足してはいませんでした。学校の各種条件を整えることで、社会的価値をさらに高める活動を行ってきました。

その大きな成果が「専修学校制度」です。75年に学校教育法の改正が議員立法で成立し、翌76年に施行されました。

専修学校は、小中高校・大学、高等専門学校（高専）、幼稚園など学校教育法第１条に規定される以外の教育施設で、修業年限が１年以上、昼間課程の年間授業時間が８００時間以上、夜間課程は４５０時間以

柏木実業専門学校・高等課程商業科（現大和商業高等専修学校）の修学旅行＝1990年、韓国　第２班

上で、常時40人以上の生徒を収容しているなど一定の基準を満たし、所轄庁である都道府県知事の認可を受けた教育施設です。

柏木実業学校は76年4月、専修学校の認可を受けたことで、「柏木実業専門学校」と改称しました。

専修学校は入学資格の違いにより三つの課程があります。「専門学校」（専門課程）は高等学校卒業者、「高等専修学校」（高等課程）は中学校卒業者、「一般課程」に入学資格は特にありません。各種学校は専修学校の基準は満たしてはいませんが、学校教育に類する教育を行う施設で認可を受けたものです。

柏木実業専門学校は高校卒業生を対象に

した「専門学校」として再スタートを切りました。この年は創立30周年の節目の年でした。82年には柏木実業専門学校に、高等専修学校に相当する高等課程商業科の開設が認可されました。中学卒業で入学できる学科があれば、という県、保護者などからの要望が強く、その声に応えて3年コースを開設しました。

当時は第2次ベビーブームの頃に出生した世代が中学生になり、高校が足りなくなるという事態を迎えていました。神奈川県は県立高校を100校増設する施策を立てましたが、計画から実際に開校するまでの3年間ほどは、私立学校や専門学校がその受け皿になりました。このような背景もあって、当校は高等課程商業科を開設したのです。

89年の生徒募集には、生徒が集まり過ぎました。従来600人程度の収容定員だったところに、約千人も集まったのです。二年生の修学旅行に行く際も飛行機に一度で乗り切れず、2便にわけて搭乗したほどでした。

プレハブ教室増設や教職員の増員など大変でした。うれしい事は、生徒の学習態度が真剣で真面目なことでした。教職員の努力も素晴らしかったことも特筆されます。従って卒業時の進路も進学・就職共に良い成績を挙げることができました。

この時代は中学校の先生も、生徒をどこかの学校に進学させたいと一生懸命でした。卒業が近づいても進学先が決まらない生徒を心配して、三浦市の三崎からオートバイを飛ばして「教え子をどうか入学させてほしい」と頼みに来た先生もいらしたほどです。

ただ、高等専修学校は、商業高校に相当しますが、学校教育法の定める高等学校ではありません。高等専修学校は、「1条校」（学校教育法の第1条で規定された学校）の高等学校と授業内容はほぼ同じであるにもかかわらず、さまざまな格差が存在していました。その最たるものが、高等専修学校には大学入学資格がないということでした。

高等専修学校の権利拡大

高等専修学校は1976年当時、大学入学資格がないだけでなく、全国高等学校体育連盟（全国高体連）や日本高校野球連盟（高野連）にも加盟できませんでした。よって高校総体にも、春夏の高校野球大会にも参加はかないません。

中学校を卒業して進学した同じ年代の青少年なのに、職業教育を学ぶ高等専修学校に進学すると、待遇が異なるのはおかしいと思いました。1条校の高等学校であれ高等専修学校であれ、子どもたちの教育条件を同じにすることは当然の権利だと考えたりです。

全国専修学校の団体を挙げて、高等専修学校の生徒にも大学入学資格を与えてほしいというのが悲願となりました。

その念願がかなったのは、85年9月でした。学校教育法の「大学入学に関し高等学校を卒業したものと同等以上の学力があると認められる者」の規定が一部改正されたのです。

これにより、高等課程の専修学校のうち、修業年限が3年以上であることなどの要件を満たし、文部大臣（当時）が指定した学科を修了した者は、高等学校卒業者と同様に、大学入学資格が得られることになりました。

その学校が「高等専修学校大学入学資格付与指定校」です。全国高等専修学校指定校協議会は、指定校の連合団体で、私は法改正された翌86年、副代表幹事に就任しました。

私学振興の対策を日々検討する筆者

指定校の制度ができたことを受け、同協議会は全国高体連や高野連に加盟させてほしいとお願いをしました。また、旅客運賃の学生割引を高等学校と同額にすることや、補助金の助成についても関係各所に陳情して回りました。

高野連はすでに加盟数が多すぎるので、新規加盟は物理的に無理であるとの回答でしたが、全国高体連には加盟できました。「青少年の健全な育成のために大歓迎です」とおっしゃってくださったことを思い出します。学割や補助金の件も実現できました。

私は1条校の高等学校と同じ待遇を要求する以上、高等専修学校は高等学校と同等以上の成果を上げる自助努力を惜しんではいけないと、改めて気持ちが引き締まる思いでした。

文部省（現文部科学省）は89年、高等専修学校をより振興させるため、進路指導書の作成に予算措置を行いました。私はその協力者会の委員に就任し、中心メンバーとなって進路指導書を作成することになりました。

対象を中学校の先生に想定し、中学校卒業後に高等学校ではなく、高等専修学校に進んで職業教育を学ぶ道もあることを軸に、職業一覧などの資料を付け加えました。

世の中はバブル経済の真っただ中でした。商業高等学校や農業高等学校の生徒も大学に進学する割合が高まる一方、社会の即戦力となる人材を育成する高等専修学校の役割が、注目されていきました。

資格で地位向上図る

柏木実業専門学校の経理本科にも、一つの課題がありました。専門課程を履修した学生が、税理士受験資格を得ることです。

その活動母体になったのが社団法人全国経理教育協会（現公益社団法人）です。簿記経理教育全体の普及・向上を目指して１９５６年に設立されました。私は59年5月に同協会の代議員になり、87年には第６代理事長に就任しました。

会長には代々、著名な学者や政治家を迎え、私が理事長の時代は、文部大臣（当時）を務めた坂田道太氏が会長でした。ちなみに坂田氏の後任には首相を務めた森喜朗氏が就任し、現在はやはり首相経験者の麻生太郎氏が会長です。

理事長に就任当時、同協会が主催する検定試験（簿記、計算実務、所得税法など）の受験者は、年間80万人にも上りました。簿記だけで一回40万人近い受験者がいました。２０

全国経理教育協会創立50周年記念祝賀会。
名誉会長の森喜朗元首相と＝2006年

13年現在の受験者は全体で20万人と、隔世の感があります。

1987年の少し前から将来、受験者が減少することは予想できていたのです。遠くない将来、学生・生徒の急減に対応する準備を、いかに整えるかが問われていました。同協会はもちろん、各専修・専門学校には大きな危機感があり、理事長就任以前からその対策に取り組みました。

その第一として、専修・各種学校の社会的地位向上を、「資格」の取得に反映させようと考えました。行政への働き掛けを積極的に行った結果、84年、全国経理教育協会主催の簿記上級試験合格者に対して、国税庁から税理士受験資格が付与されることになりました。また、人事院では専修学校専門課程の卒業生に、短大卒業生と同じ就職資格を認めてもらいました。

その一方で時代の変化に機敏に対応しなければなりません。同協会が補助金を出す「経理実務士会」をつくり、総合的なビジネス能力を持つ人材育成に取り組みました。これからの時代は経理の知識だけでなく、ＯＡ機器や外国語も使える人材が求められていると考えたからです。私が理事長時代に、新たに文書処理（ワープロ）、情報処理、電卓計算などの検定試験も行うようになりました。

各校でも独自の取り組みが行われました。柏木実業専門学校では、経理本科が産能短期大学（現自由が丘産能短期大学）と教育交流を図り、短大併修を可能としました。つまり、柏木実業に入学すると同時に、産能短大の通信制の学生になるのです。短大科目の講義は産能短大から講師を招きました。科目履修にあたっては学校側がスケジュールを組み、柏木実業の学習と無理なく両立できるようにしました。そうして卒業時には短期大学士の称号が授与されるのです。

当時、経理本科では在学中に税理士、中小企業診断士、社会保険労務士、経理実務士、簿記・珠算・税務会計１級、秘書、ワープロ、コンピューター上級、簿記珠算教師免許などが習得できました。

交通事故で重傷負う

幼少時のぜんそくと、成人後に原因不明の病気。私は命と向き合う時間を2度経験しましたが、まさか3度目があろうとは…。

１９８０年12月、東名高速道路で車を運転中に突然、大型トラックに後ろから追突されました。運転手の居眠りだったと後で聞きました。私の車はその衝撃で回転し、コンクリートの側壁にものすごい勢いで衝突した後に跳ね返り、私は割れたフロントガラスから飛び出しました。覚えているのはここまでです。

気が付いたら私は、東海大学病院の集中治療室にいました。事故当日に意識は戻りましたが、頭も顔もガラスの破片だらけ、口の中は血だらけ。そして腰椎、肋骨《ろっこつ》、腕、脚を骨折していました。われながらよく生きていたものだと思いました。これも偏にすばらしい医師団のおかげと、ご先祖のご加護の賜物と有難く感謝しております。

７週間の間、あおむけになったまま絶対安静状態。その後に首の下から股までギプスをすることになりました。寝たきり状態が続いて筋力がすっかり落ちている私に、「包帯を巻く間は立っていられますか」と医師は言いました。

早く退院したいものだから、私は「大丈夫です」と即答しました。鉄棒のようなものにぶら下がり、胴体に石こうと水を含んだ包帯をどんどん巻いていくのですが、途中で気持ちが悪くなりました。しかし「大丈夫」といった手前、どうにか我慢しました。

その後ベッドに寝て、体をヒーターで温めて包帯の石こうを乾燥させました。乾燥したら腹部のギプスに直径15センチほどの穴を開けました。ものを食べた後で胃が膨らんでも苦しくないようにするための処置でした。やっと固まったときはうれしく、また自力でトイレに行けるようになったこともうれしく思いました。

入院生活は約3カ月。病院を出る時はすがすがしい気持ちでした。1カ月後、出勤のため玄関を出てしばらく歩くうちに、右目が見えなくなったのです。入院中は両目とも見えて普通に読書をしていました。慌てて近くの眼科で診てもらうと、網膜剥離と診断されました。

驚いて、退院したばかりの東海大学病院に戻ると「即刻手術しましょう」と告げられました。私は「1日待ってください。仕事があるのです」とお願いすると、「責任は持てませんよ」と忠告されながらも、待ってもらえました。

当時の網膜剝離の手術は大変でした。３週間はベッドに絶対安静。術後の１週間は両目をふさぎ、砂のうを頭の両側において頭を固定します。縫った眼球が裂けないよう、頭も目も動かせません。次の段階は針の先ほどの穴が開いたメガネをかけます。眼球が動かないようにするためです。そして、メガネの開いた穴を少しずつ広げていきました。それでも体は寝たまま。食事も寝たまま食べさせてもらいました。

その後も何度か網膜剝離の手術をしましたが、今は医療が進歩したので、このような治療はしません。

そろばんでＴＶ出演

私の仕事はそろばん塾からスタートし、そろばんには大変お世話になりました。空襲ですべてが灰になったのを見ているので、そろばんを保管しておきたい、将来はそろばんの研究をしてみたいと思うようになっていました。

そんな思いが私をそろばん収集に向かわせたのです。現在約３５０丁を保有しています。1丁ずつ整理番号を付けて台帳に記載してあります。珍しいものではペンダントやタイピン、指輪などの装飾品になったそろばん、ようじ入れや孫の手など別の道具と組み合わされたそろばん、暗算を習得するための1桁のそろばんや、2桁、3桁だけのものもあります。これを頭に入れれば、平方根も立方根も暗算できるのです。

「釣り銭皿そろばん」は、小売店でお客にお釣りを渡す時に、これに釣り銭を入れて渡します。お客は皿に付いたそろばんで、お釣りが合っているかどうか確認します。また、家紋入りの文箱は家老や奉行のもので、硯《すずり》や筆の入った引き出しの下に、お金を出し入れする引き出しがあり、箱の脇にそろばんが収納されています。

旅先で骨董《こっとう》市を回りながら自分で集めましたが、時には講演先で「うちにあった古いそろばんを差し上げます」といただくこともありました。ミニチュアそろばんの金のネックレスも、確か山形県の講演の後に「うちの蔵にこんなものがありました。よかったらどうぞ」といただいたものです。

コレクションが縁でそろばん職人との交流も生まれました。新潟県の山深い山間地から来た職人さんたちは、試作品を携えて「このそろばんは使えるかどうか、見てください」と私の意見を求めにいらっしゃいました。また、島根県の3代目朝吉さんという職人さんは、自分の技術を後世に残したいからと長いそろばんを作って持ってきてくださいました。

創立40周年記念に贈られた、長さ3.8メートルのそろばんを手に、柏木学園の生徒とともに写真に収まる筆者（右）＝1986年

学園の創立40周年には、長さ３・８メートル、３０１桁もあるそろばんを贈ってくださいました。

今は機械化が進んでいますが、かつては珠《たま》も１個ずつ手で作られました。もちろんすべての珠が同じ形・同じ大きさです。枠も反ったりしてはならないのです。そろばんは実用品であるとともに、大変高度な技術が集積した工芸品です。

ある時どこで知ったのか、ＮＨＫの方が訪ねてこられて「そろばんをコレクションしているそうですね。テレビ（ＴＶ）で紹介してくれませんか」と出演を依頼されました。私はそろばんのことを知っていただくには良い機会だと思い、「スタジオ１０２」の出演を承諾しました。１９７７年のことです。

私は持参した117センチの長めのそろばんや中国のそろばん、釣り銭皿そろばんなどについて説明しながら、それらにまつわるエピソードを披露しました。

そろばんの由来についても話しました。中国のそろばんは、1列の合計が15（5珠二つに、1珠五つ）。これは16進法で計算するものが多いためです。日本は10進法なので、上の珠《たま》を一つ外して1列の合計を10にしたそろばんが普及しました。いわゆる五つ珠そろばんです。

ところが太平洋戦争中、物資がないので珠を節約できないかと考えられました。10進法だから1列の合計は9でいいと現在の四つ珠になったという豆知識を披露しました。

またそろばんの新しい動きを紹介しました。ボタンを押すだけで珠が「ご破算」になるそろばんです。職人が開発し私が仲介して商品化されたもので、当時既に市販されていました。私はうっかり口が滑って「ソロマット」と、NHKでは禁句の商品名を言ってしまいました。放送後、視聴者からの問い合わせ電話が殺到したのです。口に出した私は責任を感じ、その後自ら対応しました。懐かしい思い出です。

商いの古文書も収集

そろばんに次ぐ私のコレクションは、商いの古文書です。そろばんを集めていると、それと縁の深い「数字がある古文書」に目が向くようになりました。当初は簿記会計に関係のある掛け帳や売上帳、仕入れ帳などを集めていましたが、次第に大福帳や質屋の質権台帳、宿屋の宿帳などにも収集が広がりました。台帳を読んでいくと当時の日本人の生活が浮かび上がってきて、興味深いものでした。

例えば質権台帳からは、江戸から明治の庶民の知恵が読み取れます。間口9尺（約270センチ）、奥行き2間（約360センチ）の棟割り長屋に住む庶民、特に夫婦や子どもがいる場合は、物を置く場所がありません。そこで秋に蚊帳など夏用の生活用品を質屋に預け、春には冬用の布団や衣類を預けます。まるでトランクルームやレンタル倉庫のような使い方をしています。質屋に預ければスペースが空くばかりか、状態よく保管してくれます。翌年の夏がくれば、質屋からおろせばいいのです。質権台帳を見ると、季節の動きが手に取るように分かりました。

また明治初期の岐阜県高山市の宿帳は、住所、氏名、年齢のほか、当時は身分を記載す

筆者が収集し、丁寧に保管されている商いの古文書の一部

るようになっており、「平民」「士族」「貴族」「外国人」などが記入されていました。警察の一斉検査のためでもあるのでしょう。警察が宿泊者の記録を検閲している様子がうかがえるのです。

２０１４年、和紙が国連教育科学文化機関（ユネスコ）の無形文化遺産に登録されました。和紙を作る技術は優れており、長い年月に耐えることができ、筆ののりもよいのです。古文書が現代に残っているのも、ひとえに和紙の存在があったからだと思います。ただし、虫害だけは用心せねばなりません。私は、古文書の保管ケースにはナフタリンを大量に入れておくほか、年に1度、虫干し代わりに1ページずつアイロンをかけて保管しています。

60年添い遂げた父母

1973年、津田文吾県知事（当時）から、両親に賀状が届きました。9月15日の敬老の日（当時）の日付でした。

「ダイヤモンド婚式を迎えられ　まことにおめでとうございます。敬老の日にあたりさかずき一組を贈り　相ともに歩まれた六十年の歳月をたたえ、末永きご多幸を祈ります」

賀状にある通り、記念品として頂いたさかずきには「寿」の文字と「柏木忠治　カノ」という両親の名前が入っていました。

両親は1914年1月27日に平塚市内で結婚し、共に健康で夫婦生活60周年を迎えることができたのです。そこで私と妻、義兄の田部井末満、妹夫婦とで相談し、お祝いの会を催すことにしました。

73年9月15日、熱海の潮音荘（当時の裁判所保養所）を借り切って、両親、両親の兄弟姉妹、孫、日ごろお世話になっている方々などを招待し、総勢42人で和やかに楽しい時間を過ごしました。

1年半後の75年3月18日、父は86歳で他界しました。酒の飲めない私とは正反対に、酒

親族や関係者が集まって執り行われた父忠治の四十三回忌、母カノの三十三回忌法要＝2017年３月、平塚・海寶寺

が大好きな人で、一日も欠かしたことがありませんでした。戦時中も酒はどこにも売っていないはずなのに、不思議なことにどこからか調達して飲んでいました。以前から胃潰瘍を患っていましたが、老人会で山梨の昇仙峡に旅行した時も構わずに飲酒して吐血。自宅に医者を待機させてから、私が旅館に迎えに行ったのです。

当時高校生だった次女誠子は、祖父が大好きな〝おじいちゃん子〟でした。過度の飲酒を私がたしなめても無視していた父でしたが、誠子の言うことだけは素直に聞いていました。

父は亡くなる前日に胃潰瘍の発作を起こし、相模原の病院に入院しました。どうも危ない予感があったのですが、その翌日は柏木実業専門学校の卒業式だったため、「式が終わったらまた来るよ」と声を掛けたのが、父との最後の時間になりました。私が卒業証書を生徒に渡しているときに、息を引き取りました。

父の亡き後、母カノは10年生きました。子どものために生きた人生で、特に幼い頃から体の弱い私には、とても苦労したと思います。小さい体で本当によくやってくれました。晩年は心細さがあったのでしょう。私が海外に行くことを嫌がりました。私は「東京に行ってくるよ。仕事が終わったらすぐに帰ってくるね」とうそをついて出掛けていました。

母はずっと丈夫でしたが84年、家の座敷で転び、大腿骨《だいたい》を骨折しました。高齢でしたが頼み込んで藤沢市民病院で手術をしていただき、成功。しばらくすると一人の入院生活が寂しかったのでしょう。自宅に戻りたいというので85年2月に退院させました。帰宅してホッとしたのか、風邪をひいてしまい、肺炎を起こしたのです。慌てて入院させたものの3月3日、眠るように旅立ちました。96歳でした。

「そろばん塚」を建立

江戸時代の寺子屋は、庶民の子どもに「読み書きそろばん」を教えた民間教育施設でした。室町時代末期、寺社に子どもたちを寝泊まりさせて教育したのが起源といわれています。当時の寺社には「算額」がよく奉納されていました。絵馬や額に数学の問題や解法を記したものです。難問や奇問を、解法を載せずに記して、解けるものなら解いてみろ、とばかりに奉納したものもあります。

柏木学園も最初のスタートはそろばん塾で、いわば寺子屋のようなものでした。私は算額の代わりということで、１９８６年、今までご縁のある四つの寺社（親縁山仏導寺、常《じょう》圓《えん》山海寶《かいほう》寺、禅道山宗圓《そうえん》寺、石橋山佐奈田霊社）に、そろばんを奉納させていただきました。奉納したそろばんは島根県・亀嵩の名工・梅木光三氏が71年、64歳の時に作ってくださったもので、長さ１８７センチ、１３５桁という大変に長いものです。

加えて同年、石碑を２カ所に建立しました。１カ所目は小田原市の石橋山。２カ所目は創立40周年記念事業で大和市内に建設した柏木実業専門学校第二キャンパス新校舎の前です。

２カ所の石碑は、建立の意味が異なります。佐奈田霊社のすぐ隣にある石橋山は、鎌倉

湘南そろばん塚建立顕彰会＝石橋山佐奈田霊社

時代の古戦場で、源頼朝が旗揚げした地です。ここで戦死した佐奈田与一義忠を祭ったのが佐奈田霊社で、痰《たん》がからんで助けを呼べずに討ち取られたという言い伝えから、せきや喉の神様として祭られているのです。子どもの頃、ぜんそくに苦しんだ私の快癒を願って母が、鶴見からしばしば佐奈田霊社にお参りに来ていました。その縁で、石橋山に「そろばん塚」を建てさせていただきました。

80年代に入ると電卓やコンピューターの普及により、そろばんは次第に活躍の場を失っていきました。私は、戦中戦後そろばんに大変お世話になったことに感謝の意を表すとともに、かつてのように夢中になってそろばんを生徒に教えることはないだろうと、自分の気持ちに区切りをつける意味で建てました。建立した時は、使えなくなったり、壊れたりしたそろばんのお焚《た》き上げをしました。

そろばん塚の表面には、そろばんの珠《たま》が表す数字に言葉を当てた碑文が刻まれています。「五三七九八八九八〇〇八四六四五」（ごさんなく、はやくやれれば、よろしい）。すなわち、正確・迅速が計算の使命ということです。

石橋山では毎年11月、40人ほどが集まって「湘南そろばん塚顕彰会」を開き、そろばんに感謝するとともに、情報交換の機会としています。

第二キャンパスの石碑には、球体の石に「諸願成就」ならぬ「諸願及第」と彫りました。しっかりと勉強すれば、どんな試験にも合格及第する、という意味を込めています。また球体の石は「暗算」「安産」にかけて「あんざん石」と名付けました。

数字の言葉遊びを楽しむ

数字に関することは何でも興味を持ってしまいます。数字の言葉遊びは昔から好きでした。明治生まれの大先輩方はその達人でした。地方への出張をご一緒すると、列車のボックス席で誰かが上の句を書き、それに別の誰かがさらさらと下の句を付けます。それが面白いと大笑いしたものです。

１９７０年頃、私が主宰していた経理関係の研究会がありました。主なメンバーの大学教授の皆さんは、仕事の打ち上げでは自作の言葉遊びをよく披露してくださいました。といっても最初は言い出しにくいのでしょう。手帳や財布に自作をしのばせているのですが「どうしよう、恥をかくかな」などと迷っている様子がわかるのです。そこで、座長の私が一杯飲んだ振りをして、自作を披露すると場が一挙に和んで「じゃあ私も…」と次々発表してくださった想い出があります。

次の数式は当時作った数式です。

$$\left(\frac{33}{10}-89+8742+3\right)4\frac{1}{2}$$

「ささ（酒）は十分、夜具だけ敷いて、話しに身が入る四畳半」

最近の卓話でも数の話をすることがありました。14年には大和市内にある綾瀬ロータリークラブ、大和田園ロータリークラブ、大和中ロータリークラブで、スピーチさせていただきました。持ち時間は30分なので、少しでも皆さんの記憶に残る話を用意しました。手始めに数を楽しむということで、私がいままで調べた「数字が使われた珍名」を紹介しました。例えば一なら一尺八寸（かまつか）さん。二は二十星（つづり）さんなどです。頭の体操と称した漢字のクイズは「僕の隣に君がいる」は何の漢字を分解したものですか。同じく「二階の女が気にかかる」の漢字は？　皆さんに考えてもらいます。答えは最初が「松」、次が「櫻」です。

会場がリラックスした雰囲気になったところで、「1円倍増30日積立高」の話に入りました。「塵も積もれば山となる」のように最初に1円を貯金し、翌日は倍の2円、その翌日は2円の倍の4円…と前日の金額の倍の金額を毎日貯金すると、たった30日間で5億3680万円のお金が貯まるという話です。この話は古美術店で入手したある版画にあった漢文を現代に応用したものです。

このときうれしかったのは、柏木塾のかつての教え子がロータリアンとして出席していたことです。地域経済のリーダーとして活躍されているのです。小中学生だった彼らも70代。まったく気がつかないでいた私に「柏木塾で勉強した者です」「玉誠先生はお変わりないですね」などと声を掛けてくれました。「玉誠先生」と声をかけられたのは実に久しぶりのこと。50年以上の歳月を飛び越えて彼らのことを思い出しました。地元大和に長く暮らす喜びを感じたひとときでした。

海外で日本の心を実感

私が生まれて初めて海外に行ったのは1984年6月でした。全国経理学校協会の海外研修で、米国・ロサンゼルスへ渡航。私は副理事長として協会員の皆さんとともに、現地の職業訓練校や証券会社などの企業を訪問しました。当時はコンピューターを導入している企業と、未導入の企業が半々だったと思います。

私が当時驚いたのは、米国社会は働きながら学ぶのが当たり前、ということでした。日本では、社会人になっても学び続けたい、あるいはもう一度学び直したいと思っても、企業風土や社会環境などで、簡単ではありませんでした。

また、米国で学んでいる人は、いつ誰に見られてもいいように身だしなみをきちんとしていました。「あの人が欲しい」とヘッドハンティングされる可能性を考えているからだと聞き、こうした態度は見習うべきことだと思いました。

視察で米国･ロサンゼルスを訪れた筆者（前列左から３人目）
＝1984年６月

90年には同協会の海外研修団の団長として、経理学校の校長や理事長のメンバーと英国、スイス、フランスを10日間ほどで回り、各国の学校や税務署、商工会議所を視察しました。

この視察旅行では、トラブルに見舞われました。フランスで出されたパンが堅くて、私は思わずフィンガーボウルの水に漬けて食べたのです。その晩、腹痛と下痢に襲われて大変な目に遭いました。「水と安全はただ」の日本に慣れてしまっていた私の、注意不足が招いた失敗でした。

また、スイス登山鉄道の乗換駅で、トイレに入ったら、ドアが開かず出られません。団員の皆さんが待っているのにと思うと、余計に焦りました。「ヘルプ・ミー」(助けて)と叫んでも誰も来ないので、「SOS」と怒鳴り声を上げ続けたら、駅員が来てくれました。外からドアを開けようとしますが開きません。ドアの上に隙間があったので、よじ登って中に入ってきてくれました。しかし、内側からもやっぱり開きません。最後はドアの錠を壊して開けてもらいました。待てども来ない私を心配してくだった団員の皆さんには、ご迷惑を掛けました。国の諸事情や異文化を知るのは、経験に勝るものはないと思いました。

もう一つ海外で驚いたのは、現地に駐在する日本企業の「おもてなしの心」です。先の視察旅行でフランスのホテルに入ると、全団員の部屋にワインと果物が置かれていました。誰からだろうとメッセージを見たら、国内で取引のある銀行の海外支店からでした。

夫婦で東南アジアを旅行した時にも、ホテルに見知らぬ紳士が2人訪ねて来られました。聞くと柏木学園と取引のある銀行の海外支店の方でした。日本の本店で当学園担当が、私が不在になる日程と行き先を職員から聞いたのでしょう。

「そろそろ現地のお食事に飽きた頃ではないかと思いまして…」

こちらの気持ちを見越しての食事のお誘いでした。私は海外での日本企業のきめ細かなおもてなし精神に感動しました。

海外研修で視野広げ

私は1984年に海外視察旅行から帰ってきて以来、学生や職員の社会的視野を世界に広げたいと考えていました。

物事を考える視点を世界基準にしていかねば、ビジネスは成り立たない時代になっていました。

そして実現したのがハワイ研修です。86年8月、柏木実業専門学校の学生と職員が4泊6日の日程で日本を飛び立ちました。当時の為替レートは1ドル約168円。ハワイとはいえ旅行費用は安くはないため、希望者のみにしましたが、約40人が参加しました。

ハワイを選んだのは、日本語がある程度通用することと、治安が安定していたからです。異文化を肌で知り、身に付けた英語で現地の人と会話するには、ショッピングが気軽で簡単だとは思っていましたが、できれば現地の学校と交流もしたいと考えていました。

しかし、つてがありません。旅行会社に頼むわけにはいかず、私はハワイで日本語の日刊紙を発行している「ハワイ報知」に日本から直接電話をしました。同紙は1912年に創刊された、歴史ある新聞です。創設者は牧野金三郎氏で、神奈川出身の方です。ハワイに到

第１回のハワイ研修旅行で記念写真に納まる学生と職員ら。
３列目の左端が筆者＝1986年８月

着後、すぐに新聞社へお邪魔すると、とても歓迎してくださり、見学先にふさわしい大学や専門学校も紹介してくださいました。

紹介された大学や専門学校の学生たちとの交流会では、日本文化を紹介する一例として、暗算の実演を行いました。優秀な学生が披露したら、信じられない顔をして「事前に答えを覚えてきたのでしょう？」と疑いのまなざしを向けられました。

そこで私は、その場で先方に10桁の数字を10個黒板に書いてもらいました。学生たちはその数字を足し算していきます。30秒ほどで正解を出すと、「オー、ワンダフル」と大いに称賛されました。日本のそろばん文化を伝えることができて幸せでした。

学生同士も打ち解けて、その日は午後8時まで自由行動にしました。おのおのが地元の人と交流できました。ハワイ報知は私たちに同行取材し、写真入りで記事が載った新聞を学生全員に下さいました。一生の良い記念になると皆、大喜びしたものです。

ハワイの研修はその後、10年間続きました。97年からは、日本語があまり通じず、英会話の実力が試されるオーストラリアのシドニーに研修先を変えました。２００４年に柏木実業専門学校の海外研修は、一定の成果を上げたということで終了しました。

現在実施している海外研修は、柏木学園高等学校がカナダでホームステイをしながら現地の高校に通います。帰国後は、外国語の習得意識が高まるようで、成績にもその成果が表れてきています。

また、大和商業高等専修学校はマレーシアに行きます。昨年は同国の最高学府といわれているマラヤ大学での教育交流や、日系企業訪問など、実り多い研修となっています。

高等専修学校を独立

「柏木実業専門学校」は１９９１年、中学卒業生を対象にした高等課程商業科を、「大和商業高等専修学校」と校名を変更し、独立させました。

高等学校卒業者が対象の専門学校と分けることで、高等専修学校の目標を「商業ビジネスの資格を持ち、新しい時代のビジネスマンとして送り出す」と明確に提示したのです。

柏木学園では、高等専修学校の社会的地位向上に力を入れてきましたが、1条校の高等学校との格差がまだありました。学校の保険制度では、日本スポーツ振興センターの災害給付加入が認められていませんでした。その代わりに学生生徒災害傷害保険を利用していましたが、カバーする範囲が限定され、保険料も高かったのです。

何とか加入を果たしたいと、全国高等専修学校協会は長年働き掛けてきました。そして02年、NPO法人高等専修教育支援協会が設立され、私は初代理事長に就任しました。職業教育の支援に加え、進路相談会やスポーツイベントを開催し、青少年の健全な育成を応援する団体です。

スポーツは全国の高等専修学校独自で行う「全国高等専修学校体育大会」がメインです。91年に全国高等専修学校協会が始めた大会ですが、NPO法人の支援協会も主催者に加わりました。多くの専修学校が集うことによって、保険制度制定への活動を活性化したいという狙いがありました。

16年は20校、830人が山梨県の富士河口湖町の各会場で、軟式野球、男女バレーボール、男女バスケットボールなどの種目で競い合いました。

こうした地道な活動が実を結び、17年4月にようやく1条校と同じ保険制度の適用が認められました。また一つ、悲願が達成できてうれしく思っています。

大和商業高等専修学校は現在、1年次は総合ビジネス科として基本的な教養を修め、2年次になると「情報ビジネスコース」または「福祉ビジネスコース」を選択します。情報ビジネスコースは、簿記・電卓などの経理事務に関する学習と併せて、コンピューターの技能教育にも力を入れ、より実践的な企業会計能力を育成しています。

一方、福祉ビジネスコースは介護職員初任者研修（旧ホームヘルパー2級）の取得を目標にしています。また、簿記・電卓・情報処理・ワープロなどの商業分野についても学習することで、経理・事務およびコンピューターを自在に操作できる介護者を育てることになります。両コースとも在学中に取得可能な資格・検定には積極的に挑戦することを推奨しています。

近年は雇用形態の多様化・流動化が進んでいますが、その状況にも対応できるように、一人一人の進路指導には力を注いでいます。中でも、神奈川の地元企業の協力を得て実施しているインターンシップは、進路決定に大変役立っていると思います。

横浜に幼稚園を開設

柏木学園は1991年4月、横浜市都筑区に都筑ケ丘幼稚園を開設しました。私はかつて柏木実業学校の一コースとして、大和市内で少人数の幼児英才教室を開設しましたが、3年間で閉鎖しました。以来いつかは幼稚園を設立し、幼児教育にしっかり取り組みたいと思っていました。そんな折、閉園する幼稚園があると知り、合併する形で幼稚園を運営することになったのです。開園の日は感無量でした。

年少、年中、年長にそれぞれ150人、定員450人の大規模幼稚園です。健康な体と豊かな心をもった子どもの育成を基本に、子ども一人一人の個性を尊重し、明るく伸び伸び育てるとともに、基本的な生活習慣や社会のルールをしっかり身に付けさせることを教育方針としています。

入園式で泣かずにじっと2時間座っていることは、幼児にとってとても難しいことです。入園式では落ち着かなかった子どもたちが、卒園式の時には2時間背筋を伸ばしたまま、

柏木学園50周年記念式典で演奏する都筑ヶ丘幼稚園鼓笛隊＝1996年

動かずに座り続けます。卒園証書をもらったら、きちんとお辞儀をするまでに成長します。その姿に毎年、私は胸が熱くなります。

運動会は、幼稚園の一大イベントです。園児1人につき、4～8人の保護者が来るのも珍しくありません。そうなると園のグラウンドでは狭いため、近くの小学校のグラウンドを借りて開催しています。当日は園児が入学する近隣の小学校の校長先生を来賓に招き、見学していただきます。

運動会の開会式で行進の先頭を切るのは毎年、幼稚園旗を持つ保護者会会長です。鼓笛隊演奏、組み体操、徒競走などさまざまな種目に挑戦する子どもたち。その様子を見た小学校の校長先生から「小学生でもこれほど統率のとれた運動会はできません」と最大級のお褒めの言葉をいただいたこともあります。

それも保護者会が行事の運営や保育に骨身を惜しまず協力してくださっているおかげです。謝恩会では例年、けいこを重ねた卒園生の保護者が、音楽の演奏や芝居などを披露してくださいます。それだけでも素晴らしいのに、さらにクラス担任にさまざまな形で感謝の気持ちを表現してくださるのです。その様子をみるにつけ、家庭と教育現場が信頼で結ばれ、私たちの幼稚園教育が皆さんに、しっかりと受け止めてもらえていることを実感します。

03年には新園舎が完成。従来の園舎は老朽化したため取り壊し、耐震性やセキュリティーを強化しました。当時、学校などへの不審者の侵入が社会問題となっていたため、防犯カメラを設置。万一のときには神奈川県警に即時通報できる非常通報装置を備えるなど、子どもたちの安全確保対策を施しました。

園舎は子どもたちが転んでもけがをしないよう、軟らかい材木を用い、くぎは使っていません。敷地の高低差を解消し、機能性を高めるなど、子どもたちの安全と健全育成を保つ園舎に生まれ変わっています。

学校法人認可に24年

話が少しさかのぼりますが、当学園に学校法人の認可が下りたのは、1980年3月のことです。念願の「学校法人柏木学園」が誕生しました。認可申請を最初に行ってから、実に24年の歳月が流れていました。

私は生徒たちに、より質の高い教育サービスを提供したいという思いから、認可への道を模索していたのです。

学校法人になる条件の一つに当時は、土地建物を自己所有していることが必要でした。その私財を国に寄付し、代わりに税金免除や補助金給付を受けるのです。条件クリアのための資金確保も難題でしたが、それ以上に土地を売ってもらえないという厳しい状況が続きました。そしてようやく土地購入のめどがつき、創立10周年の56年11月に認可申請をしたのです。

ところが、当時の教育界はさまざまな問題が頻発しており、問い合わせをしても「しばらくお待ちください」と言われ続けました。なしのつぶて状態で、3年の申請期間が過ぎてしまいました。私はこの間、教育内容の充実を掲げ、できるだけのことはしてきました。

柏木学園創立50周年の年に柏木学園高等学校が開設され、祝賀会が開かれた＝1997年４月、大和市内

そして、改めて申請し直した結果、晴れて私の目標が達成できたのです。

80年に学校法人となった柏木学園は、先に紹介した柏木実業専門学校、大和商業高等専修学校、都筑ケ丘幼稚園を抱えることになりました。

次の目標は、学校教育法第一条の高等学校の開設でした。少子化で、中学卒業者の数が減少の一途をたどる中、大和商業高等専修学校の定員を維持するのは難しいと考えていました。ならば思い切って、いわゆる1条校の高等学校を設立しようと役員会で決定。認可を受けるには厳しい基準がありますが、役員、職員と力を合わせて頑張ろうと自分を奮い立たせました。

ここでも大変だったのは、土地の取得でした。グラウンドを含む高等学校の広い土地を大和市内で見つけるのは、当初から困難が予想されていました。あるとすれば市街化調整区域や山林などですが、だからといって、誰でも購入できるものではありません。

土地に関しては長年苦労したこともあり、学校開設への準備に何をすべきか熟知していました。私は高等学校に先立ち、91年に都筑ケ丘幼稚園を開設しました。小規模なため比較的つくりやすく、1条校である幼稚園を有している学校法人なら、調整区域などであっても土地が取得しやすいことを知っていたのです。もちろん幼稚園の開設にも多額の費用がかかります。それを返済してからでないと、高等学校の建設資金を借りることはできません。

実際には幼稚園の開設後、バブル経済が崩壊し、金利が半分以下に下がった時点で、当初覚悟していたほどの時間はかからず、高等学校設立へのスタートを切ることができました。大和市深見西に10357平方メートルの土地を取得し、95年1月には「柏木学園高等学校」の地鎮祭を行うまでに準備が進みました。その後、6339・31平方メートルの借地を手に入れ、グラウンドを広げることができました。

科目多彩な高等学校

柏木学園高等学校は、着工から9カ月後の1996年8月1日、県から開設認可を受けました。そこで初めて生徒募集を行い、97年4月1日に開校。開設時はわずか45人の受験者が、今では約2千人が受験する学校となりました。

2017年に開校20年を迎えました。この間、本校舎に続きグラウンド、2号館、3号館が完成し、さらに武道場（柔道・剣道）、テニスコート、総合体育館と施設を拡充してきました。16年の創立70周年の記念事業では、メモリアルホール、図書室の移転拡充、資料室の拡充など施設の充実を図り、ハード面の整備がようやく終了しました。

一方、課題となるのは教育の質的向上を常に図っていくことです。柏木学園が掲げる「社会に貢献できる人材の育成」という建学精神にゆるぎはなく、行動目標は「志を立て積極的にチャレンジし、創造性豊かな活動を継続してやり遂げよう、そして自信を獲得しよう」というものです。

本校生徒の9割以上は、大学進学希望者です。その希望に応えることを優先し、次に就職希望者に商業ビジネスを実践的に学ぶ教育環境をつくることが命題となっています。

その上で、時代のニーズにあわせた教育プログラムを組むことが重要です。17年度は通信制情報経済科の募集を停止し、全日制普通科の「アドバンスコース」「スタンダードコース」「情報コース」という新しい教育課程での募集を行いました。

柏木学園高等学校学園祭において在日米陸軍軍楽隊来校、隊長と懇談する筆者＝2005年

アドバンスコースは大学進学を目標とした生徒で編成しています。1年次は必修科目を中心に基礎力を身に付け、2年次から希望学部を見据えて文系・理系に分かれ、志望校の受験科目に適応する多彩な選択科目を学びます。

スタンダードコースは、幅広い進路への対応ができるカリキュラムです。大学進学を視野に入れた上で、基礎学力のアップに取り組みます。特に1年次は英語と数学で、習熟度別の授業を行っています。

情報コースは、コンピューターなどの専門知識や技術を実践的なカリキュラムを通じて学びます。また大学受験に対応した基礎学力向上を目指しています。加えて在学中に簿記検定、情報処理技能検定、文書デザイン検定など多彩な資格取得に挑戦することができます。希望すれば他のコースの生徒も受験可能です。

本校は、商工会議所や全国経理教育協会の検定試験会場になっています。これが生徒への刺激になればよいと考えたのです。また、通い慣れた自分の校舎で受験ができるメリットを生かしてほしいと思うのです。

部活動も体育系、文化系とも活発です。生徒たちと教員の情熱が、成績や活動結果として徐々に表れてきています。

このように、高等学校の生徒が自己実現に向けた目標意識を身に付けるため、「すべてがキャリア教育」との考えの下、学校生活全体を支援しています。

専門士の称号を付与

柏木実業専門学校の本科卒業生に、「専門士」の称号が付与されたのは1995年1月からです。専修学校の修了者に対する社会的評価と生涯学習の振興を目的として、文部省（現文部科学省）が定めました。

大学の学部卒が学士、短期大学が短期大学士であるのと同様に、その位置づけはほぼ変わりません。専門士は専門技術に対する評価で、大学・短大と違って国際的な通用性は伴いませんが、青少年の進路に多様性と可能性を与えるきっかけになったと思います。

専門士は工業、農業、商業実務、医療、衛生、教育・社会福祉、服飾・家政、文化・教養の8分野に区分され、柏木実業専門学校の場合は商業実務専門士です。

卒業後、即戦力としての人材養成を使命としている専門学校ですから、社会の要請に柔軟に対応していく必要があります。

本校には現在、三つの科があります。医療事務や調剤薬局事務、介護職員などを目指す「医療情報学科」と、会社の経理事務を担う「情報ビジネス科」は、短大を卒業できる併修制度を設け、学生の選択の幅を広げています。もう一つは経理部門の幹部候補生を目指す「経営経理研究科」です。同科は大学を卒業できる併修制度があります。3科とも履修は2年間。いずれも文部科学大臣から実践的で専門的な能力を育成する「職業実践専門課程」に認定され、前述の通り学生には、修了時に専門士の称号が付与されます。

柏木実業専門学校卒業生が中国大連から家族を連れ、
筆者とセンター長を訪ねて来校=2017年

近年増加したのは、海外からの留学生です。00年ごろから増え始め、16年度は400人が受験し、135人が入学しました。最近はネパール、ベトナム、スリランカの学生が目立ちます。入学資格は日本語検定2級を持っていることですが、入学後に学内で日本語の補習授業も行っています。

悩みの種は彼らの就職先でした。日本での就職を希望して来日する学生がほとんどです。商業実務の専門士だと、それに応じたコンピューター、経理などの仕事でないと就労ビザが下りないのです。その門戸は狭いのが現状で、どうしても日本で頑張りたい人は、その多くは食堂を経営して就労ビザを取るか、入国期限内でアルバイトで生計を立てるかのいずれかでした。

ところが、母国などで大学を卒業していれば、その学部資格に応じた就職先でもＯＫだということが分かったのです。これならばもう少し、働き口の間口は広がっていくと思います。

最近、うれしいことがありました。本校を卒業後、日本の銀行に入行し、現在中国の大連支店に勤める中国人の男性が、休暇を利用して来日。妻子を連れて、わざわざ本学園を訪ねてきてくれたのです。「ここで勉強できたことが役立っています。ありがとうございました」と聞いて、本校での勉強が、彼の将来に良い影響をもたらしたと幸せな気持ちになりました。このように卒業生が、自分の専門を生かして活躍してくれることは、私の大きな喜びです。

中高年の就労へ訓練

柏木学園の創立65周年記念事業の一環として２０１１年３月、「柏木実業専門学校研修センター」を新設しました。大和市内の柏木学園発祥の地である、柏木実業専門学校の跡

就職支援訓練について厚生労働省の視察。左から３人目が安藤人材開発統括官、他９名＝2017年８月、研修センター

地に建てました。

　同センターはＯＡ教室や介護実践室、入浴実践室などを備えています。前年、柏木実業専門学校に新しく医療情報学科を開設したので、同センターでの実習も視野に入れていました。

　同センターでは主に、国の求職者支援制度における職業訓練の実施機関として、年間千人に介護職員の養成や医療・調剤事務の訓練などを行っています。

　求職者支援制度は11年10月に施行されました。雇用保険を受給できない失業者を対象に、無料の職業訓練（求職者支援訓練）を実施し、給付金を支給するとともにハローワーク（公共職業安定所）において強力な就業支援をする制度です。

職業訓練は、さかのぼれば１９６９年、当時の柏木実業学校が雇用能力開発機構神奈川センターと神奈川県からの委託で、職業訓練の受託校になったことが始まりでした。以来受託を続け、99年には政府の「緊急中高年再就職促進訓練」を受託しました。この訓練は、相次ぐ企業倒産やリストラにより、急増する中高年世代の非自発的離職者に対する緊急経済対策の一環として、雇用活性化総合プランに基づいて実施されたものです。

カルチャーセンター（1980年開設）

私立の教育訓練機関が地域の求職者の再就職支援を行うことは極めて重要かつ有意義なことでした。そこで、私が当時会長を務めていた神奈川県専修学校各種学校協会は、県と全面的な協力体制をとりました。
新卒者と異なり、すでにさまざまな

経験を持った人たちですから、当初は指導する側に戸惑いがありました。杞憂《きゆう》に終わったのは、受講生が真面目で真剣な方ばかりだったのです。むしろ、私たちの方が学ぶところが多大にありました。

突然の離職でショックや不安を抱えた中高年の方々から、「訓練を受けたことで前向きになり、目標を明確にできた」と後々聞いた時は、微力ながらお手伝いができたと、うれしく思ったものです。

09年には政府の緊急雇用対策で、生活費が支給される職業訓練の枠を、同年末までに5万人分確保することが発表されました。これを受け、当校も多くの受講生を受け入れました。

こうしてみると労働環境は、その時代の日本経済と企業の雇用情勢によって左右されてきたことが分かります。それに翻弄《ほんろう》されることが極力ないような実力を蓄えることが大切なことだと、改めて思います。

働く人々の立場に立って何ができるかと常に考えてきた当学園は、長年の経験を積んできているので、今回の求職者支援訓練にも、素早く対応できていると思います。12年からは、私設である「柏木学園カルチャーセンター」（80年開設）も、同訓練の実施機関となりました。

柏木学園の創立70周年記念式典で、節目を祝う
柏木照正理事長（左）と筆者＝2016年

長男が理事長に就任

私は学校法人柏木学園の理事長の職を、2012年3月31日付をもって退き、学園長に就きました。後任の理事長には長男の照正が就任し、学校経営と運営のリーダーとして、柏木学園を率いていくことになりました。

理事長退任時、私は82歳。少子化の進行で学校経営が厳しさを増す中にあって、柏木学園の形や魂をもっと確実なものにしてから引退したいという思いもありました。しかし、世の中の動きは速く、「これで大丈夫」と思ったら、もう次の時代に移っているような状況です。思い切って次の世代にバトンを渡すことにしたのです。

柏木学園の中で照正は、他の誰よりも、学園の経緯と教育内容を把握しています。彼が生まれた61年は、柏木簿記珠算学校の時代でした。自宅が隣接していたので、学校の中で育ったようなものです。遊びも勉強も、年上の生徒さんたちに教えられていました。そろばんは小学校に入学した年には、見よう見まねではじいたようです。

高校生の頃からはテストの採点などの手伝いをしてくれました。大学は商学部を選択。全国を回っての講演活動に助手として同行してくれたこともあります。卒業後は柏木学園に入りましたが、それも私が強要したことではありません。彼は「自然の流れだった」と言いますが、私も全く同じ思いでした。

私が彼に言ったのは「教員免許を取らなければ、うちの生徒の前には立たせない」ということだけです。教育現場を知ることは、すなわち生徒、保護者、教職員、社会情勢にアンテナを立てることでもあります。

照正は最初、当時認可されたばかりの高等課程商業科の教師として教壇に立ちました。自分の教え方で生徒に通じるのか悩んだ時期に、私にアドバイスを求めてきたことが一度だけありますが、それ以外は自力で解決してきたようです。

彼は若いうちから学校法人の理事に就きましたから、将来負うべき立場への自覚はあったと思います。ただ、教育機関のトップを世襲制にするのが正解かどうかは、やはりその人間次第だとは思います。

私の場合は、教育者として大切なことと、学校経営者として重要なことが、完全に重なっていました。そういう幸せな時代だったのです。

その点、現理事長は厳しい時代に直面しています。私が校外の業界団体の役員に数多く就いてきたことで、2代目と見られる彼に任される役職もあるようで、厳しさに拍車をかけていると感じています。少し忙し過ぎるのではないかと心配すると、「学園長も超多忙な日々を送っていましたね」と返されました。

いずれにせよ、柏木学園のかじ取りは理事長の照正が責任を持ってやっています。私はなるべく口を出さないようにしよう、と自分に言い聞かせているところです。新しい時代は新しい発想で切り開いてほしい。そう願っています。

4校の意思疎通図る ―「柏木学園ニュース」・「柏木学園年報」を発行 ―

四つの教育機関を束ねる柏木学園の学園長を務める私の役割は、それぞれの教育機関の独自性を尊重しながらも、教育現場同士の連携を図る〝要石〟になることだと思っています。柏木学園では月に1度、会場持ち回りの校長連絡会を開催しています。当月の会場となる学校は、校長以外に副校長と教頭も出席。あらかじめ課していた研究課題、例えば「少子化時代の学校運営」の発表や、情報交換を行っています。

もう一つは、「柏木学園ニュース」の発行です。それまでは、各校で個別に発行している学校新聞はありましたが、4校の生徒や各校の活動を互いにもっと知ってほしいという思いから始めました。1998年3月に第1号を出して以来、隔月で各学校、幼稚園のニュースや事業を掲載。その内容は各校の教員が数人ずつ担当し、編集作業を行っています。また00年度から、「柏木学園年報」を毎年刊行しています。私は学園の是訓として「我等五訓」を定めていました。

一　自ら活動して他を動かしむるは我等なり

一　常に自己の進路を求めて止まざるは我等なり

一　障害に逢い激しくその勢力を倍加するは我等なり
一　自己を潔くして他の汚れを洗い清濁併せ容るるの量あるは我等なり
一　洋々として大海を充し発しては蒸気となり雲となり雪と変じ霰と化して凝っては玲瓏たる鏡となる。しかもその性を失なわざるは水なり

いつも時代と変化に対応して人間性を失なわざるは我等なり

自ら率先して実践してきた我等五訓の精神を土台に、21世紀を迎えるにあたって教職員と学園在校生がさらに力を合わせて、より充実した学園の創造に努めていくために年報を発行することにしたのです。学園の成果をきちんと記録していくことで、将来の発展の礎にしたいと考えました。年報は事業や業務別報告のほか、「私の一冊」と題して、4校ならびに本部の教職員一人一人から、この一年で感動したお薦めの本を1冊、推薦理由とともに紹介してもらっています。その人の個性や人柄がにじみ出る、いわば顔の見える推薦図書なので、生徒たちの読書意欲も湧いているようです。

そろばんの柏木塾時代から続いている慣習もあります。教職員に夏冬の賞与を理事長（当時は塾長）から直接、手渡すことです。

かつては現金でしたが、現在は明細書を4校それぞれの学校に出向き、計約200人の

1998年から隔月で発行されている「柏木学園ニュース」

教職員一人一人に手渡しています。毎月の給料明細も、柏木学園高等学校以外は理事長が手渡しに行きます。高等学校は教職員の人数が多いため校長に手渡し、校長から皆さんに渡してもらっています。

手渡しする理由は、経営者も教職員も同じ職場で働いていて、その職場から給料が出る、ということを分かってほしいからです。

また、教職員との絶好のコミュニケーションの機会でもあります。機械化やＩＴ化が進む時代でも、コミュニケーションを大切にしなければなりません。特に教育機関では、意思疎通が重要です。役員と教師、教職員同士の人間関係は、生徒間の人間関係にも影響を及ぼしかねません。

ですから学園長の私は、教職員全員の名前と顔、最近の様子まで把握するように努めます。手渡しの場では理事長のそばに立って、一人一人に「お子さんは元気？」「体の調子は良くなった？」など、一言ずつ声を掛けていきます。部活動の指導をしている先生には「今年の大会は優勝できそうですか」と少しプレッシャーをかけることもあります。こうした一言で、先生方も「分かってくれているな」と納得し、あるいは「頑張ろう」と思ってくれればうれしいです。

私や理事長が感謝の念をもって先生方に接すれば、先生方はその感謝の念を生徒たちに返すことができると思うのです。

大和の人々に恩返し

大和市に住んで70年余。この地だからこそ私は健康体になり、教育事業への道が開かれました。

地域への恩返しを意識するようになったのは、私が地元小学校のＰＴＡ会長を務めていた１９７１年のことです。当時、私は学校と一緒に通学路に歩道橋設置を要望する活動を

大和警察署交通モニターを務める。左から３人目が筆者

していました。計画が具体化して胸をなで下ろしていた頃、設置場所を巡って県警と国土庁（当時）の意見がまとまらないという話を耳にしました。

ある日、地域の方が「両者が議論しているから来てほしい」と私を呼びに来ました。校長先生と急いで駆けつけ、私は「あなたがたは何をくだらない議論をしているのですか。所属が違っても、子どもたちの安全を守る使命は同じでしょう。早く設置してください」と強い調子で話しました。

すると話が一気にまとまりました。話を聞いていた県警の交通課長がその場で私に、「交通モニター」になってほしいと頼んできたのです。大和警察署が管轄するの

大和警察署協議会で厚木基地を視察後、他の委員らと同基地内での懇親会に臨む筆者(前列左から２人目) ＝2006年７月

は当時、大和、座間、海老名、綾瀬の４市。交通安全対策を、警察とともに考えることになりました。

不思議なもので署長が代わると交通事故が頻発するので、「どんな所で事故が起きたのか、回ってみましょう」とよく事故現場を署長と一緒に視察しました。そして、「なぜ事故が起きやすい場所なのか原因を調べましょう」と事故原因を追及したのです。塩や酒で現場のお清めもしました。

私はその後、大和市商業活動調整協議会の委員や副会長に委嘱(74〜82年)されました。「大店法」が施行され、大和市内には大規模小売店が乱立していました。既存の小売店は窮地に立たされたのです。協議会は両者の共存共栄を図り、大和市の発展と消費者の利便性を考えるために、両者とともに消費者、学識経験者が加わって調整する機関でした。私は第三者として知恵を出しました。

01年には県大和警察署協議会委員を委嘱されました。委員は住民を代表して警察署や警察行政全般にわたって意見を述べるほか、県警察学校の入学式や卒業式、新年の観閲式などにも出席しました。

06年、これまでの活動に対して大和警察署から、協議会の会長として感謝状をいただきました。こちらこそ貴重な経験を積ませていただき感謝しています。

一方、柏木学園も地域の方々にお世話になっています。12年11月、大和商業高等専修学校の生徒会役員選挙に当たり、大和市選挙管理委員会が指導に来てくださいました。生徒の選挙への意識を啓発・向上させるとともに、社会勉強の一つとして有効な時間でした。この様子は「タウンニュース」に掲載されました。

ほかにも、大和税務署彰和会副会長、厚木税務署オピニオンリーダー（1975〜86年）や、県では地域留学生交流推進会議委員（99〜2000年）をはじめとして、多くの役割を務めさせていただきました。各団体の方々との出会いは、私の生涯の宝です。

地域連携で防災対策

〝地震国〟の日本に生きる私たちは万一のときに備え、万全な防災対策を行わなくてはいけません。それを痛感したのは1995年の阪神淡路大震災であり、11年の東日本大震災でした。

11年3月11日、その日は柏木実業専門学校の卒業式でした。午後2時46分に地震発生。卒業式を終え、近くのレストランで謝恩会が開かれ、私も参加していました。立っていられないほどの揺れに驚いていると、携帯電話が鳴りました。柏木学園高等学校から「すぐに戻ってきてください」のコールでした。

その日、同校では入学前の保護者説明会を開いていました。すぐにグラウンドに避難していただき、専門学校の生徒には、状況が落ち着いてから帰宅してもらいました。その後、保護者と職員を家までどのように帰すかで悩みました。電車やバスなど交通機関は止まったまま。結局職員の車を使い、相模大野辺りまで、乗り合いでピストン輸送をしました。これを機に帰宅ルートを再検討しました。

柏木学園がある大和市は、都心南部直下地震、東海地震、東南海地震、三浦半島断層群の地震、神奈川県西部地震、南海トラフ巨大地震、大正型関東地震の発生による震災被害が懸念されています。

本学園は地域貢献という観点から99年4月1日、大和市と「大規模災害時における緊急消防援助隊応援活動拠点としての使用に関する協定」を結びました。学園が大和消防署に隣接していることと、東名高速道路が近いということで、大規模災害時には東京からの救援部隊200人の宿泊を受け入れることになっています。

また08年、大和市と「ドクターヘリ臨時離着陸場使用に関する申し合わせ締結」を行いました。緊急時、ドクターヘリを使用する場合、本学園のグラウンドを離着陸場とし、患者を主に東海大病院に運ぶことになります。ドクターヘリが降りるときは、ほこりが立たないように消防車が水をまくことになりました。これまでに10回ほど搬送が行われています。

これらに加え、13年に完成した柏木学園の総合体育館兼講堂は、柔道場、剣道場のほか、災害時の避難場所としての役割を担う設備を備えました。

ハード面では建物を支える杭《くい》を48本、天井を支える軽くて丈夫な張弦梁《ちょうげんばり》9本を使用し、震度7クラスの地震にも耐える耐震構造を採用しています。

同施設は、防災救急用具・用品の保管庫も兼ねています。災害用食品備蓄は以前から準備していますが、生徒・職員の分は1年ごとに、卒業する生徒に配り、また新しく補充するシステムを採用しています。また、自前の井戸を掘削し、常時約640リットルの井戸水を確保しています。

　ハード面の対策だけでなく、柏木学園では年1回の避難訓練のほか、保護者との連絡体制など災害対応マニュアルを作成し、定期的に見直しています。

「鑑定団」でお宝披露

　大和商工会議所の創立20周年記念事業として2014年9月7日、テレビ東京の人気番組「開運！なんでも鑑定団」の一コーナー「出張！なんでも鑑定団in大和」の公開収録が、柏木学園の総合体育館で行われました。入場者は1200人で、満席でした。私も番組の中で〝お宝〟を披露しました。

　本学園の総合体育館は、生徒の学習やクラブ活動の場というだけでなく、地域の防災拠点やスポーツ振興の拠点としても活用していただきたい施設。そのことを地域の方に知っていただくには、テレビ番組の公開収録はうってつけと考えました。

出場者は200人を超える応募の中から、テレビ東京の番組スタッフが詳細に検討して選考していきました。最終的に私を含め、6人が出場することになりました。一方、一般の観覧者は850人の枠に対し、2634人もの応募があったといいます。番組の人気を改めて実感しました。公開収録当日は、小雨が降っていましたが、開場前には、抽選で選ばれた観覧者の長い列ができました。

いよいよ収録が始まりました。トップバッターは私です。出品したのは人魚の大きなブロンズ像。噴水としても使えるように作られています。

まず司会の松尾伴内さんのリードで、私は柏木学園のことを少しお話しさせていただきました。そして本題に入り、像の入手のいきさつを少しご紹介しようと「この彼女と出会ったのは…」と話し始めたところ、即座に松尾さんから「か、彼女？ 彼女と呼んでいるんですか」と驚きの声が上がりました。

20年以上前、夏の終わりの軽井沢で、古美術店にいたこの「彼女」と出会い、目の美しさ、顔の端正さ、そしてなんといっても肩のラインにほれ込んだことをお話ししました。

「彼女が『私を連れて行って』と言ったのです」と話すと、会場は大爆笑でした。

店頭価格は400万円。とても手が出ません。値引き交渉をしたら100万円まで下がっ

「出張！なんでも鑑定団 in 大和」の収録で、人魚のブロンズ像を披露する筆者（右から２人目）＝2014年９月、柏木学園総合体育館

たので、喜んで購入したのです。鑑定結果が良ければ、大和商業高等専修学校の玄関前に設置しようと思っていました。

本人評価額は「１００万円」。鑑定士は西洋アンティークの専門家である田中健さんです。「果たして結果は…。10万円！」。会場から「あーっ」と落胆の声が上がりました。

田中さんの説明によると、この像は現代の中国で作られたもの。指や関節の部分の造作が精密ではなく、１００年以上たったものなら表面がこんなにきれいな色ではないという鑑定結果でした。がっかりはしましたが、楽しいひとときでした。

収録に当たって柏木学園高等学校の保護

者約20人が、ボランティアをしてくださいました。おそろいのピンク色のスタッフジャンパーを着て、会場の椅子やブルーシートなどの後片付けに精を出してくださいました。心から感謝しました。

夫婦仲良く長生きを

２０１７年８月26、27日、私たち夫婦のダイヤモンド婚を、子ども３人とその連れ合い、孫８人を中心に約40人が、湯河原の温泉旅館で祝ってくれました。

実際は昨年12月に結婚60周年を迎えたのですが、今年の夏なら皆がそろうということで決まったのです。

私の両親もダイヤモンド婚を迎えているので、感慨深いものがありました。こうして家族の縁は引き継がれていくのでしょうか。

妻茂登子は３年前に急性心筋梗塞で倒れ、20日間の入院生活を送りました。それまでお産以外に入院をしたことがない妻ですから、心配で毎日病院に通いました。私はただ病室にいるだけでしたが、毎日のこととなると行くだけでも大変でした。私の過去２回の入院

ダイヤモンド婚を祝う会＝2017年８月26～27日、湯河原温泉

で苦労した妻の気持ちが、初めて分かりました。

そして妻がいないと家の中が回らないことにも気が付きました。何がどこにあるかさえ分からないのです。妻のありがたみを、本当に遅ればせながら思い知ったのです。

私は70年前、天職を得て、教育の仕事一筋に生きてきました。その「ご褒美」をいただいたのは96年11月、藍綬褒章の受章です。同月13日に妻と東京の如水会館で小杉隆文部大臣（当時）から褒章の伝達を受け、引き続き皇居に参内して天皇陛下に拝謁《はいえつ》の栄を賜りました。

続いて２０００年11月には文部大臣賞を受賞し、翌01年11月、国から教育功労者と

神奈川県県民功労者表彰を祝う会で挨拶をしていただいた
斎藤文夫元参議院議員

して勲五等双光旭日章を受章しました。

この三つの受章（賞）は、私の私立学校への考えと行動を理解し、支援してくださった数多くの協力者とともにいただいたものです。私はいわば、その代表にすぎないのです。特に私が出張している間、活動を支えてくれたのは学園教職員の皆さんでした。

私的には、私がまず感謝しなければならないのは妻です。妻がいつもニコニコしながら私に付き添ってくれるのをよいことに、これまで私は言葉で感謝の意を表したことがありませんでした。照れが邪魔をする昔の男です。

幸せなことに、齢《よわい》85を過ぎても元気です。網膜剝離を何度か治療し、7月には白内障

藍綬褒章の受章記念祝賀会で鏡開きに臨む筆者（中央左）と
妻茂登子（同右）＝1996年11月、横浜市内

の手術もし、世の中が明るく見えるようになりました。

これも神仏への参拝を続けている御利益でしょうか。私は還暦を過ぎる頃から、おさい銭は自分の年齢の枚数を1円玉で上げることにしたのです。日頃から4千円くらいずつ銀行で両替してもらっておき、せっせと年齢分の1円玉を袋詰めしておきます。

1円玉のおさい銭にしたのは京都の三十三間堂で「おさい銭は金額ではなく、気持ち」「自分の年齢の分をあげれば、言葉で言わなくても年齢が伝わる」と知ったからです。一度の旅で少なくとも5袋は持参しています。さい銭箱に入れるとジャラジャラと大きな音がします。いまでは鈴を鳴らすより、私が来たことが神様にはっきり伝わる気がしています。

教育事業に生涯現役

最後に現在直面している教育問題について、少し触れたいと思います。

繰り返して記してきましたが、教育現場は厳しい時代を迎えています。まず少子化対策は待ったなしです。１９８０年代の第２次ベビーブームの頃は、年間出生数が２００万人を超えていました。今では１００万人を切りました。この事実には逆らえません。

そのしわ寄せ、影響は公立、私立高等学校に既に表れていますが、より直撃を受けているのは高等専修学校です。少なくなってきた子どもたちの動向も見逃せません。神奈川から東京の高校に通学するのは毎年６千人いるのに対し、その逆は半分の３千人です。

そこで東京、神奈川、千葉、埼玉の１都３県の私立高等学校が集い、情報交換をすることで、教育の在り方について発信していくことになりました。

現実的には大学の入試制度が変わるので、その対応を迫られるでしょう。並行して高等学校、中学校、小学校の教育内容も変わっていきます。例えば小学校での英語教育が義務化されますが、これには英語教師の確保が必要になります。日本の子どもたちの学力が落ちてきていることに危機感を抱く政府の施策ですが、教育現場は大変です。

もう一つの懸念は、人工知能や情報技術の進化です。運転手を必要としない自動車が誕生する時代です。人の表情を見て何を思っているか分かる機械も生まれようとしています。この流れも加速していくでしょう。

そうした中で、どのような教育が求められるのか。どのような教育ができるのか。学校の在り方がどうなるのか。予測ができない要素がたくさんあり、考えるだけでも難しいのです。

それでも、どんな時代になっても私は「人は職業を持たないと生きていけない」ことは変わらないと思っています。職業は、自分のアイデンティティー（存在意義）の確立につながります。企業社会で働く、芸術作品をつくるなど、それぞれが選択した道を進んでいけばいいのです。

世界との垣根がなくなった今、一番してはいけないのは戦争です。平和を実現させるのが、教育の役割です。それは戦後から変わらぬ、私の信念です。

「未来を考えない者には未来はない」と信念を語る筆者
＝2017年３月、大和市深見西の柏木学園高等学校

戦後の混乱期、日本の復興は国民それぞれが懸命な努力で成し遂げ、平和な国をつくってきました。その中の一人として、平和な日々を守り続けなければならない。それが使命だと思っています。

２０１７年の11月で私は、88歳になりました。これまで多くの人に支えられ、今日を迎えられました。これからも一生勉強です。そして、健康で生涯現役を過ごし、教育事業に力を尽くす決意です。

数字でつくられた歌

1　七二五十百　億〇四一百　十六八六八　八八九七〇一　八八九七〇一
（なにごとも　おくれしひとも　そろばんは　はやくなれひと　はやくなれひと）

2　十六八六八　五百　五三八　七五四二　八八九八〇〇八　四五十四〇
（そろばんは　いつも　ごさんは　ないように　はやくやれれば　よいとしれ）

3　八万三千八　三六九三三四七　一八二　四五十二四六九　百四億四百
（やまみちは　さむくさみしな　ひとつやに　よごとにしろく　ももよおくしも）

4　五二七九　二八二三九百七九三三四　九九六三三四八　八七十三千四百
（いつになく　にわにさくもなくさみし　こころさみしや　はなとみちしも）

5　四五十四五十二　三六四九三六九　一八　三七九八　九二七八六
（よごとよごとに　さむしくさむく　いちや　みなくば　くになやむ）

6　四四八四四　七二八億十百　三九二二三　四九十四万万四　二三四万六一十
（よしやよし　なにはおくとも　みくにふみ　よくとよままし　ふみよまんひと）

7　三十十百九　三千百三三四八　一八二　四五十二四六九　四百八　三千七六
（さととおく　みちもさみしや　ひとつやに よごとにしろく　しもや　みちなむ）

8　五三七九　八八九　八〇〇八　四六四一
（ごさんなく　はやく　やれれば　よろしい）

9　$$\left\{\frac{33}{10} \mp 33 - 42524\right\}^{4\frac{1}{2}}$$

ささは じゅうぶん
さんみ ひきよせ
しぶいふし しく よじょうはん

10　$$\left(\frac{8742 + 3}{\cancel{33} - 89}\right)^{4\frac{1}{2}}$$

（分母）ささはいらない
やぐだけひいて
（分子）はなしに　みがいる
よじょうはん

11　$$\frac{1 - 3^{2}}{(0.5 + 0.5) \times 4}$$

（分母）ごぶとごぶとで
しかけた　うえは
（分子）ひくに　ひかれる
みのじじょう

柏木学園総合発展計画21

柏木学園は創立55周年を迎えた2001年、21世紀を踏み出した年に「柏木学園総合発展計画21」を策定しました。人類にとって叡智と創造性が試される時代の始まりであり、新たなる明日への夢と希望をみつめようとした年でした。

そこで、複雑な国際社会のなかで、情報技術の高度な進歩と少子高齢化がさらに進んでいる現代社会に対して、積極的に対応できる人材の育成を目指そうと方針を定めたのです。さらに地域社会との交流や生涯教育等の推進を図るための教育ビジョンに添って学園の発展計画を策定したのです。

もとより、本学園には建学の精神と理念の元に、学園で勉強すれば将来どんな人間に成長するのか、教育本来の目標を学校が持ち、教師と生徒、そして保護者も共生共学の希望に向けた努力をしていることを大切にしています。

この間、保護者を始めとした地域の皆さま方から募金という形での協力をいただき、着実に一歩一歩前に進んできました。現在、第5期事業（19年～23年）を展開しています。柏木学園の教育に対する姿勢をご賢察いただき、温かなご理解とお力添えをお願い申し上げます。第1期から第5期の事業計画内容は次の通りです。

第1期事業計画　平成13（2001）年〜平成15（2003）年

1　学園本部

①55周年記念事業・行事
②記念出版
③記念式典
④その他

2　柏木学園高等学校

①グラウンド用地拡張整備
②施設整備
③その他

3　柏木実業専門学校

①施設改修整備
②その他

4　大和商業高等専修学校

①施設改修整備

②その他

5　都筑ヶ丘幼稚園

①園舎建替・整備

②その他

第2期事業計画　平成16（2004）年〜平成20（2008）年

1　学園本部

①60周年記念事業・行事

②研修センター設立事業

③記念出版事業（平成18年度）

④記念式典行事（平成18年度）

⑤その他

2　柏木学園高等学校

①教育課程の充実
②校舎・施設整備事業
③グラウンド・スポーツ施設整備事業
④その他

3　柏木実業専門学校

①校舎建替及び関連事業
②ＩＴ関係整備
③その他

4　大和商業高等専修学校

①第２校舎建替事業
②施設整備改修事業
③その他

5　都筑ヶ丘幼稚園

①幼稚園教育振興並びに併設保育園事業

②施設設備改修事業

③その他

6　教職員の資質向上のための施策・研修事業

①研修会、講習会等の開催並びに参加

②研究と教育実践の強化充実

7　その他学園発展計画の推進に関する事業

第3期事業計画　平成21（2009）年〜平成25（2013）年

1　学園本部

①65周年記念事業・行事

②研修センター設立事業
③記念式典事業（平成23年4月）
④その他

2　柏木学園高等学校

①教育課程の改革と充実
②校舎及び施設・設備整備事業
③総合体育館建設・柏木学園総合グラウンド拡張
④教育内容の充実と社会貢献
⑤その他

3　柏木実業専門学校

①教育課程の改革と充実
②施設・設備整備事業（旧柏木実業専門学校校舎の改修）
③教育内容の充実と社会貢献
④その他

4　大和商業高等専修学校

①教育課程の改革と充実
②施設・設備整備事業
③教育内容の充実と社会貢献
④その他

5　都筑ヶ丘幼稚園

①保育の改革と充実
②園庭の拡張及び施設・設備整備事業
③その他

6　教育・研究・社会貢献事業

①教職員の資質向上のための施策・研修事業
②研修会・講習会等の開催並びに参加
③研究と教育実践の強化充実
④地域並びに社会への貢献事業

7　その他学園発展計画の推進に関する事業

第4期事業計画　平成26（2014）年～平成30（2018）年

1　学園本部

①柏木学園　将来構想の実現
②学校経営基盤の強化
③教職員の資質向上のための施策・研修事業の充実
④各学校における地域並びに社会への貢献事業の充実
⑤70周年記念事業の実施・記念式典ならびに記念誌発行（平成28年11月）
⑥柏木学園高等学校校舎建替
⑦柏木学園校地及びグラウンド用地の拡充
⑧研修会・講習会等の開催並びに参加
⑨研究と教育実践の強化充実

2

柏木学園高等学校

①全日制課程普通科の充実・向上（大学進学率の向上）
②キャリア教育の推進と発展（スタンダードクラス・アドバンスクラス及び習熟度別授業の充実、外国語教育の展開）
③施設・設備の充実
④ホームステイ制度の実現

3

柏木実業専門学校

①時代のニーズに合った新しい学科の創設
②教育内容の充実・活性化
③施設・設備の充実

4

大和商業高等専修学校

①教育内容の充実・発展
②施設・設備の充実

5　都筑ヶ丘幼稚園

①保育の充実と活性化
②施設・設備の充実
③園地の拡充
④預かり保育と社会貢献

第5期事業計画　平成31（2019）～令和5（2023）年

1　学園本部

①柏木学園　将来構想の実現
②学校経営基盤の強化
③教職員の資質の向上のための施策・研修事業の充実
④各学校における地域並びに社会への貢献事業の充実
⑤80周年記念事業の計画策定（2026年度）
⑥柏木学園　校地及びグラウンド用地の拡充

⑦柏木学園　各校の校舎施設の設備改善
⑧リスク管理体制の強化
⑨研修会・講習会等の開催並びに参加
⑩研究と教育実践の強化充実

2 柏木学園高等学校

①教育内容の充実と向上
②キャリア教育の推進と発展
③校舎・施設・設備の充実
④ホームステイ制度の継続と充実

3 柏木実業専門学校

①時代のニーズに合った新しい学科の創設
②教育内容の充実・活性化
③施設・設備の充実

4 大和商業高等専修学校

①教育内容の充実と発展
②土地校舎グラウンド用地の確保
③校舎・施設・設備の充実

5 都筑ヶ丘幼稚園

①保育の充実と活性化
②施設・設備の充実
③園地の拡充
④預かり保育と社会貢献
⑤2歳児保育の充実

※予算についてはその都度、募金趣意書を作成しています。

「年頭の言葉」

１９７６年（創立30周年）から毎年仕事始めの日に教職員に向けて「年頭の言葉」を贈ることにした。

昭和51（1976）年

誓いの言葉

『一九七六年（ひとくなんの年）に思う』

混乱混迷、低成長、不景気の大変な年である。すべてに転換の年であり、皆で力を合わせて乗り切らなければならない年である。

頑張ろう。

感動を受けた出会いの言葉

『経理科の道 その一』

遠い遠いはるかな道は

つらい試験もあるだろうが

計算の腕はどんどん上がる

掛け算、割り算、伝票見取

一級のはるかな道

本年のスナップ

私の宝物

昭和52（1977）年

出会いを気づかないと
　　　　　負を伴う。
出会いを気づくだけでは
　　　　もったいない。
出会いを活かすことは
　　　　　　宝なり。
出会いは夢を育み
　　　夢は希望を広げる。
今日私たちが見詰めているのは
　　限りない明日である。

『経理科の道 その二』
続く続く楽しい簿記が
取引、仕訳、迷わずに
分かっておくれ借方貸方
近い近い試験は近い
頑張ろう、我らが道

校舎屋上にて新春の集い

誓いの言葉

昭和53（1978）年

一九七八年色々なこと、
色々なものをしっかりと
大きな日で見詰め直そう。
事業は立て直しを図り、
繁栄へと努力をしよう。
新年に誓う。

感動を受けた出会いの言葉

『経理科の道 その三』
一人一人はるかな道は
つらいだろうががんばろう
苦しい簿記も分かれば楽しい
帳簿、帳簿、明日も帳簿
卒業のはるかな道

本年のスナップ

沖縄県の私学振興について沖縄県知事と面談

昭和54（1979）年

厳しい年ではあるが、
曙光は自分自身で
創り出し、目標に
向かってあらゆる
努力をしよう。

『五つの願い』
一　与えよう　物でも心でも
二　生きよう　人間らしく
三　耐えよう　どんなことにも
四　努めよう　自分の仕事に
五　落ち着こう　息整えて

柏木実業専門学校 入学式

昭和55（1980）年

喜びも悲しみも、好き、嫌いも、全てにとらわれずに自由な気持ちで、自分にも他人にも対応しよう。

そして、何事も人から言われてやるのは本物でない。自分から進んでやってこそものになる。

目覚めてほしい。

一　よき友があり
よき仲間が共にあることは
聖なる道の全てである

二　七転八起の生命力
大死一番の実行力
石上三年の忍力
面壁九面の念力
霊石無限の功徳

優良生徒表彰式

昭和56（1981）年

一　研究熱心に、教育効果を挙げること。
二　在籍を減らさず、倍増すること。
三　資格検定は必受験。必合格で指導すること。
四　競技には準備をもって参加し、優勝すること。

蔵の財よりも
　身の財優れたり
身の財よりも
　心の財第一なり

全国経理学校協会研修会で地域視察（二見が浦 夫婦岩）

誓いの言葉

昭和57（1982）年

新しいカレンダーが、真新しい一年を今年もまた運んできた。見慣れた日常の中に新しい感動を見出そうとしたのが、我々祖先だった。慣れては見えないものも、新しい目で見れば新しく見える。暦は古ぼけてもこの日は大切にしたい。

感動を受けた出会いの言葉

一　考えを鮮明に結晶化しよう
二　目標達成のための計画を立て、その達成期日を設定しよう
三　心に描いた人生の夢に真剣な欲望を燃やそう
四　能力に対して「やれるのだ」という大いなる自信を持とう

本年のスナップ

清水運平先生藍綬褒章受章記念式典で祝辞を述べる

昭和58（1983）年

皆で力を合わせ、着実に足元を固めて前進すれば成果は上がる。そこで今年は、過去の反省に立って本当の真価を責任を持って創造する「猪突猛進」の年にしよう。

眠れない人には
夜が長いように
正しい教えに
なじめない人には
迷いが長い

嵯峨野トロッコ保津峡駅に並ぶ信楽焼のたぬき

昭和59（1984）年

今年は創立三十九年目、今、柏木学園が注目されている。そうだ、本学園は新時代を迎えるのだ。その昔、本学園は大和のいや神奈川県の戦後文化の鐘を鳴らし響かせたのだ。

昭和59年は甲子《きのえね》七赤中宮の年である。六十年毎に巡ってくる干支の初めの年である。１８０年を上・中・下の三区切りにして、上元は甲子一白より始まり、中元は甲子四緑で始まる。甲子七赤は下元の始まりである。甲子の年は一から始まる年で物事の初めとして心構えを常識かつ真摯な態度を持って取り組んでいきたい。一からやり直す年である

中華民国全国商業総会より感謝状を授与される（台湾において）

全経鹿児島支部 検定受験研究会

昭和60（1985）年

一 今年は丑年。猛牛、純牛両者の長所を活かして進もう。

二 人と人との間を大切にしよう。

三 人にまぬけと言われないようにしよう。

四 生きる道を間違えないようにしよう。

つまずいたっていいじゃないか。人間だもの

どのような時代が来ようとも私達は生命を貴《たっと》び、個々の人格を尊び、優しさに溢れた人生を送りたいものである

簿記・会計コンクール

法人役員研修旅行（韓国）

誓いの言葉

昭和61（1986）年

本年は厳しく激しく、変化・改革の年である。

思い通りに仕事ができないとか、自分のペースで仕事が進まないといったとき、とかく自分のせいだとはなかなか思いたがらないものである。

学校も大きな転換期。皆で気持ちを新たに頑張ろう。

感動を受けた出会いの言葉

一 今やっている仕事に愛着を持とう
二 仕事の中から自らの問題を発見しよう
三 問題を解決するのに役立つ情報を集めよう
四 欠点を諦めずに克服しよう
五 失敗や苦労を次の仕事に活かそう

本年のスナップ

柏木実業専門学校
新校舎落成式

学校法人柏木学園 創立40周年記念祝賀会

昭和62（1987）年

激動と混迷する八十年代後半の現代社会のとき、昨年、学園は歴史的な四十周年式典ならびに新校舎建設と激しく充実した一年であった。新校舎（学園）に魂を入れる年である。

一　無理はするな、自然体で生きよ
二　便利の影に危険あり
三　思い通りにならない現実に向き合おう
四　目標に向かって努力をする
五　偏りのない正しい心を持つことに心掛ける

会計学者 新井益太郎先生と

藤井裕久 元衆議院議員を囲んで

誓いの言葉

昭和63（1988）年

一九八八年辰年は、眼光鋭く、勇猛豪快にして、コイが急流を躍り上がって竜に化するように、竜が雲を得て天に昇るように期待と希望に大きく胸膨らます年にしよう。

感動を受けた出会いの言葉

『成功の秘訣』
一　常に思い続ける
二　人のやらないことをやる
三　人の嫌がることをやる

本年のスナップ

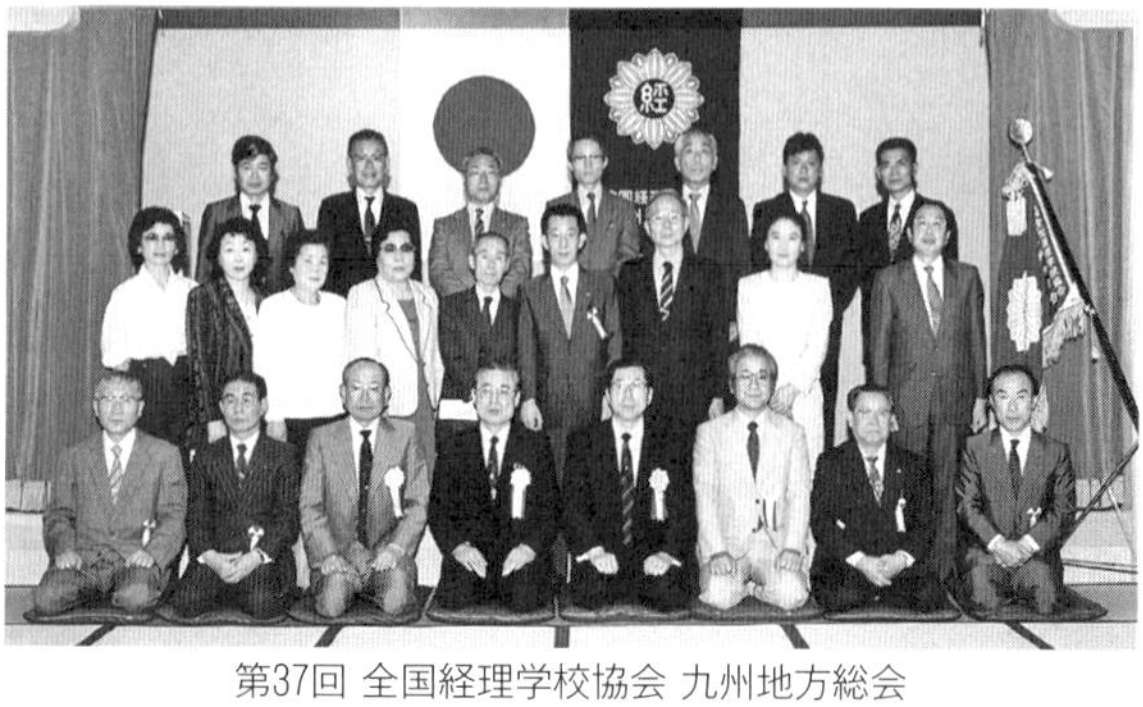

第37回 全国経理学校協会 九州地方総会

平成元（1989）年

一　心身健康で勉強しよう。毎日あいさつから精いっぱい生きよう。

二　今年は高等課程・専門課程と共に新しい教育を求めて羽ばたこう。

三　高度情報化社会、高齢化社会のニーズは急速に変わりつつある。これに対応し、精いっぱい、力いっぱい、教育に、人づくりに努力しよう。

出逢いは夢を育みます
夢は希望を広げます
そして、今日私たちが見詰めているのは限りない明日である

京都 上醍醐寺

九州地区私学視察（長崎ハウステンボス）

平成2（1990）年

誓いの言葉

一 毎日アカルク、イツデモドコデモ、サキニシヨウ、ツヅケテ、アイサツをしよう。

二 人の顔・形（容姿）が一人一人違うように、時代にも同じ顔、同じ姿はない。それぞれの時代の顔は、いつの時代にもそこに生きる人たちがつくってきた。私たちは未来へ向けて、これからも神奈川の私学として、新しい時代の学校教育の顔、姿、心をつくっていくことに努力しよう。

感動を受けた出会いの言葉

一 桃栗三年　柿八年
　梅はスイスイ十三年

二 ナスのうずらは十八年
　ミカンの大ばか二十年

三 リンゴのちくしょう二十五年
　ユズの大ばか三十年

四 女房の不作は六十年
　夫の不作は一生

本年のスナップ

ヨーロッパ研修旅行

第45回 全国私立学校審議会連合会総会

平成3（1991）年

今年は学園創立四十五周年の記念の年に当たる。新しい時代は厳しい時代でもあるが、新しいことを始めよう。皆で力を合わせて着実に足元を固めて前進すれば成果は必ず上がる。「共に生きる」……これが柏木学園の合言葉。

六十歳代は粋な季節、もう一度燃えてみたい

七十歳代はこの世の締めくくり、ぼちぼち身辺を整えて、八十歳代、九十歳代までゆるりと参ろう

空が青いとか水が冷たいとか、そういう当たり前のことを、時にはきちんと感じないと人間は枯れてしまうと思う

研修会で挨拶

毎年恒例の正月初詣

平成4（1992）年

昨年学園創立四十五周年を祝し、多くの記念事業を実施した。今年はそれら事業を含めた学園に新しい魂を入れ、将来に向けて基盤整備をする。

欲望を浄化するものが礼拝であり、祈りであり、読経である
父母の縁によって今ある自分。その命の源であるご先祖さまや時代の先人たちへ感謝の心を捧げることを忘れてはならない

中国書家 鐘山氏より書を贈られる（軽井沢において）

日本大学名誉教授 高須俊行先生と

平成5（1993）年

一　地球上の景気低迷を混迷から変革に切り替え、地に足をつけた新しい時代にしよう。

二　人生について悩むことは大切である。逃げないで真のものを見出そう。

三　一人一人が自己点検、自己評価して大いに学ぶことをしよう。

故郷のためには誠を捧げ、友のためには涙を流し、自分のためには知恵と汗を出せ

家族や恩師の愛情という甘雨で健やかに育った若人たちが歩み出す時、まずは人の後ろについて行くもよし。わが道を行くもよし。判断は自身に委ねられる。これを信じて、それぞれの花を咲かせてほしい

全国経理教育協会 学術顧問の先生方と

全国私立学校審議会
中部支部協議会

誓いの言葉

平成6（1994）年

『変革の年厳しく頑張ろう』

苦しい一年になるかもしれない。実績と信用を糧に自信を持って当たれば誇りうる学園として生まれ変わる。生き残りをかけて、ありとあらゆる努力をしよう。

感動を受けた出会いの言葉

V　二十歳代のバイタリティ
S　三十歳代のスペシャリティ
O　四十歳代のオリジナリティ
P　五十歳代以降のパーソナリティ

本年のスナップ

全国経理学校協会 東北研修旅行

平成7（1995）年

『今年の誓い』
一　愛
二　勇気
三　反省
四　努力
昨日より今日、今日より明日へ、いつも新しい感動で前進しよう。

自然に逆らわず
自然が育む
自然の恵みを受けて
自然に今を生きる

室谷元神奈川県副知事を囲んで（研修会）

誓いの言葉

平成8（1996）年

昨年は阪神大震災に始まりオウムの恐怖、金融界の破綻問題、長引く不況、良くならない生活と政治不信、そしてイジメ問題と大変な年であった。今年こそ、以上の悪夢から脱出して明るい年にしたい。学園は、創立五十周年記念に当たり、記念事業を完遂し、生き残りをかけ、ありとあらゆる努力をして新しい大発展に向けて飛躍しよう。

感動を受けた出会いの言葉

生かされている今日の命を大切にして、今年も明るく生きてゆこう
マラソンと健康を考える人に、タバコを吸う人はいない。深酒をしない。食事に気をつけている。早起きの人が多い

本年のスナップ

藍綬褒章受章記念祝賀会

文部大臣より藍綬褒章を受ける

平成9（1997）年

我が学園から色々な夢が巣立ってほしい。誰もが誰かのために生きている。社会の発展の基礎は人にあり。今年は教育改革元年である。

一　努力とは力むことではない。誠を積み重ねることである

二　夢と若さと希望は、日々の生活を明るく豊かにする

三　今日一日を大切に、感謝の気持ちで最善を尽くそう

柏木実業専門学校　オーストラリア研修旅行において
原住民「アボリジニ」と握手をする

誓いの言葉

平成10（1998）年

昨年は金融恐慌と道徳破壊の年だった。経済不況は今年も続くと考えたい。我が学園は、厳しい自己点検をして、楽しい競争の目標に向かった改革の年にしたい。

感動を受けた出会いの言葉

『その一言で』
その一言で　励まされ
その一言で　夢を持ち
その一言で　腹が立つ
その一言で　がっかりし
その一言で　泣かされる
ほんのわずかな一言で
不思議な 大きな力を持つ
ほんのちょっとの 一言で

本年のスナップ

学校法人郡山学園を訪問

三田村先生と

平成11（1999）年

本学園も創立以来五十三年、激動の昭和から波乱の平成へと歴史を築いてきた。決して平坦な道のりではなかったが着実に歩み続けてきた。二〇〇〇年に誇れる学園の総仕上げに邁進しよう。

一　生涯健康を持ち続けよう
二　生涯学習をし続けよう
三　生涯現役で頑張ろう
四　生涯感動を持ち続けよう
五　生涯初心を忘れずにしよう

大分県 別府地獄めぐり

全国審議会会議 地域視察

平成12（2000）年

誓いの言葉

できること、やらなければいけないことをやっていく一年にしよう。

21世紀を迎えた今、世界は激しく変化し、学園を取り巻く環境や私たちの生活も全く新しい段階に入った。情報化社会の急速な進展、国際化、明確な展望を描き得ない経済、社会の動向、青少年層の意識の変化、人口動態の苦しい推移など、課題は山積みであり、前途は厳しいものがある。こうした状況の中で学園の更なる発展のために皆さんと一致団結して努力しよう。

感動を受けた出会いの言葉

忙しい人ほど勉強する
そして暇を盗む
明日を切り開く弛まぬ努力、労わりの思いを胸に、自らの仕事に励む。その集積こそが、時代を生き抜く力となる

本年のスナップ

私立学校審議会委員として文部大臣表彰受賞（椿山荘）

教職員等永年勤続表彰式並びに教職員研修会（神奈川県専修学校各種学校協会）

平成13（2001）年

水は方円に素直に従う……。素直な心を養おう。

春分・秋分の日は太陽が真東から昇って真西に沈むので昼と夜の長さが同じになる。これは中道すなわち、偏りのない考えや生き方を表している。私たちの住む世界では、欲望、怒り、嫉妬など様々な煩悩に覆われている。智慧を心掛けて清らかな心で、新しい時代・社会をつくる努力をしよう。

人というものは、年齢を重ねたからといって老いるものではない

人は理想を失う時、初めて老いがやってくる

だから人は信念と共に若く疑惑と共に老いる

人は自信と共に若く、恐怖と共に老いる。人は希望ある限り若く、失望と共に朽ちる

神奈川県専修学校各種学校協会 設立40周年記念祝賀会

平成14（2002）年

徳川幕府の士農工商の世の中から文明開化の明治維新が敢行され、すべての社会の変化が大きく激しく始動し、明治時代は四十五年続き、大正時代へと移行して民主化が十五年。次に昭和時代が六十三年やってきた。富国強兵は太平洋戦争に突入し膨大な戦没者を出して、敗戦、そこから復興の時代、そして平成となる。これらの変遷を通して貫くものは「生きる」という素朴な精神である。不安な時代だからこそ、希望を持ち、前に向かって未来を築こう。

これからは自分で課題を見つけ、自ら学び、自ら考え、主体的に判断して行動し、よりよく問題を解決していくよう努力することが求められている

長野県私学審議会（善光寺）

平成15（2003）年

生きていくうえで大切なことは、他人に対する思いやり、優しさ、善意、忍耐である。その欠片も見ることができないことは悲しいことである。気をつけることに努力しよう。

『水』

・池に水あり
　池の水は動かず
・沼に水あり
　沼の水は黙して語らず
・湖に水あり
　湖の水は風と共に静かに揺れる
・川に水あり
　川の水は目標に向かって流れる
・海に水あり
　海の水は　波に流される
　大きく小さく　高く低く
　深く浅く　そして　怒涛のように　小波のように
　水は方円に　すなほに従う

都筑ヶ丘幼稚園 落成祝賀会

都筑ヶ丘幼稚園 落成祝賀会

平成16（2004）年

快食、快便、快眠、そして快く朝目覚め、生きていたことを喜び、命の大切さ・尊さを知り、今日一日を一生懸命頑張ろう。

『三つの愛』
土地を愛し　仕事を愛して
その上に　人を愛する者は
幸福者よ

群馬県 草津湯畑

平成17（2005）年

柏木実業専門学校、大和商業高等専修学校、都筑ヶ丘幼稚園、柏木学園高等学校の四つの学校がそれぞれ連携し、競い合う学び舎の中で、幼児・生徒・学生との触れ合いの時間を少しでも多く持つことを大切にしながら、今年もまた一歩一歩の努力をしていこう。

明日はない。今しかない
そう思えば今できることを
精いっぱい生きよう
同じ生きるなら、悔いなく
楽しい人生にしたい

三重県 伊勢神宮

平成18（2006）年

誓いの言葉

我がミニミニ博物館は、優れた文化を育み、与え、広めることにより、一人でも多くの者に感動と豊かな心を与えていくことを目指していこう。

感動を受けた出会いの言葉

小さな奉仕が人の価値を大きくする。人の値打ちは、地位や財力、学歴、才能、富や血筋などでは決まらない。真の値打ちは人間の値だ。たとえささやかでも人の喜びに身を尽くす。そんな人を目指したい

本年のスナップ

喜寿のお祝い

厚木飛行場を視察
（大和警察署協議会）

平成19（2007）年

「やらない」から「できない」のか。「できない」から「やらない」のか「分かっちゃいるけどやめられない」のか。反対で「分かっちゃいるけど取り組めない」というのが本当のところだろうか。実践・実現できなくとも、大志とか憧れがあるのは、意外と大切なことではないか。できること、やらなければいけないことをやっていく一年にしよう。

『松下幸之助の道』
自分には自分に与えられた道がある。広い時もある。狭い時もある。登りもあれば、下りもある。思案に余る時もあろう。しかし、心を定め希望を持って歩むならば、必ず道は開けてくる。深い喜びもそこから生まれてくる

岐阜県 白川郷

国際フード製菓専門学校
竣工祝賀会で祝辞を述べる

平成20（2008）年

誓いの言葉

『今後の学園の課題』

一　役員会をはじめとする教職員の意識改革（必ず来る私学経営の危機）

二　全教職員への説明と改革への理解と協力（一致団結）

三　中・長期計画の作成と実行（見直しを含む計画）

四　人件費改革（少子化から来る財政体力の増強）

五　学生・生徒の質の維持（志願者の減少と高い合格率）

六　学校教育の質の維持（在学生の満足度の向上）

感動を受けた出会いの言葉

一　いくら頭の中で考えていても、行動を起こさない限り何も始まらない

二　八十歳を過ぎてからも勇気と希望がある限り青春だ

本年のスナップ

毎年恒例の京都春日神社参拝後、若草山山焼きに訪れる途中で立ち寄った

岐阜県 関ヶ原古戦場

平成21（2009）年

『柏木学園総合発展計画21』

第三期事業計画は、

一　環境対策

二　安全対策

三　情報技術対策をもって、安、楽、交、活の学園づくりと、世界・社会に貢献できる人材育成に向けて進める。

CHANGE（改革）のGをCに変えると、CHANCE（挑戦）になる。不遇を時代のせいにする人と、変革の時こそチャンスと果敢に挑戦する人とでは、先々で雲泥の差が出る

岩手県 鵜の巣断崖

宮城県 折石

平成22（2010）年

誓いの言葉

社会貢献活動に足りないものは何か。当たり前の人間として生きることの凄味と尊さ。敬老の日、この世の全ては借り物である……考えたい。

感動を受けた出会いの言葉

教育と医療は国の基本的重要施策である。国づくりは人づくりから始まる。命ある限りこれを続ける

本年のスナップ

福島県 大内宿の名物、ねぎ1本で食べる「ねぎ一本そば」

柏木学園高等学校
後援会研修旅行（箱根）

平成23（2011）年

柏木学園は、歴史・伝統を見直しながら若者が二十一世紀を見事に生き延びていくよう願っている。
一人一人が愛と平和の精神を持って、互いに支え合うことを誇りとする、創造性豊かな人間を育てる教育活動を続けることである。

『ほうれんそう』
報告しよう
連絡しよう
相談しよう

長野県 野辺山駅

京都 北野天満宮の「撫で牛」の前で

誓いの言葉

平成24（2012）年

この日本で八十余年生きておれば、戦争・天災・貧困・事件・重労働（戦争中の学徒勤労動員・軍需工場・農家）・病気・けが・別れ、中でも大切な人の死など、辛い経験が数え切れないほどあったが、苦労話はしたくない。苦手なこと、失敗談はしたくない。夢・希望・目標について語ろう。

感動を受けた出会いの言葉

『長生きの秘訣』
のん気に暮らす
イライラしない
笑顔を持って大声を出す
歩く

本年のスナップ

全経協会役員会で麻生財務大臣（当時）と柏木照正理事長

杉山愛子先生を忍ぶ会

平成25（2013）年

一　怒るな転ぶな風邪引くな
二　一日七千歩を目標に歩こう
三　食事と睡眠をしっかり取ろう
四　くよくよせず、夢・希望を持って明るく過ごそう。
五　時代と社会の接点を保ち、常に交流と出会いを図ろう。

一　ない時の辛抱　ある時の倹約
二　一葉落ちて天下の秋を知る
三　信用は無形の財産
四　我が身をつねって　人の痛さを知れ
五　ろうそくは身を減らして　人を照らす

北海道 神仙沼

柏木学園高等学校後援会　研修旅行
（静岡県島田市ばらの丘公園）

平成26（2014）年

文化とは時間と距離の短縮なり。永遠の平和を祈念し、健康に注意して、走らずしっかり歩いていこう。

わが旅いつか　年重ね
青き　なぎさに　涙落つ
春雨に花を　あんじて
寺詣り
人生　三万日は
生きましょう

大和間税会にて

平成27（2015）年

これからの生き方を、
生涯健康、生涯学習、
生涯現役で過ごしたい。

人生とは縁を拾いながら
　　　　　　　　旅をする
私たちは何かを知れば知るほど
しかし、無知で愚かなことは
恥ずべきことではない。我に
とらわれて狭小な世界を飛び
出して、願わくば謙虚に、そし
て真実を求める旅を続けたい

大谷学園 理事長、校長と
私学について語る

世界一長いそろばんの
解説をしている筆者

平成28（2016）年

誓いの言葉

みんなが行かない道にこそ綺麗な花がある。人と違った視点行動をしてみよう。我慢しない、あきらめない。その先に未来があることを信じて頑張ろう。

感動を受けた出会いの言葉

『生涯学習（生涯学べ）』
一　幼児期に学べば知能を開発し
二　少年期に学べば青年期に益し
三　青年期に学べば壮年期に為すことあり
四　壮年期に学べば老年期に衰えず
五　老年期に学べば死しても朽ちず

本年のスナップ

柏木学園高等学校後援会 役員会
(70周年記念事業 メモリアルホールにおいて)

全国経理教育協会
創立60周年記念祝宴

平成29（2017）年

変革期をチャンスと捉え、
人づくり、町づくり、
国づくりの学園理念を
さらに推し進める。

我はあの世より縁あって、この世に人として生を受けました者ゆえ、しょせんはこの世の間借り人であります。されば三度の食物にも文句を言わず、美味しいと褒め、人と気まずいことがあっても我が身の至らぬせいと思いなし。愚痴なく怒らず、さぼらず、ほどよくこの世に暇乞いして、元のあの世に帰る者ゆえ、精々親切大事に願います

花束贈呈

斎藤文夫 元衆議院議員夫妻と
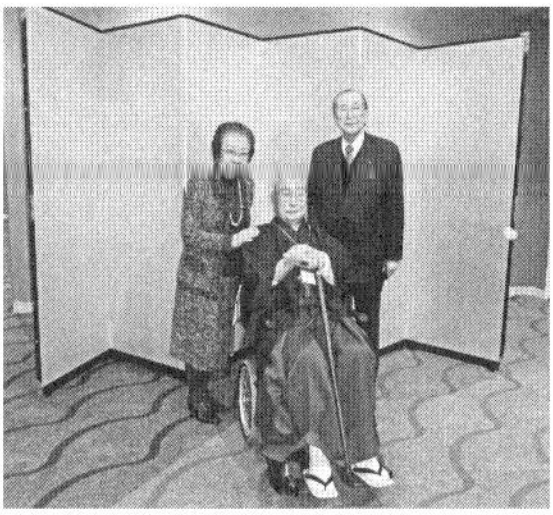

誓いの言葉

平成30（2018）年

私たちの先人は、永い歴史の中で、自然災害や幾多の国難を知恵と努力で乗り越えてきた。先人から受け継いだ美しい四季を持つ日本国を後世へとつないでいく責任と義務がある。国づくり、人づくりに全教職員全力で取り組んでいこう。

感動を受けた出会いの言葉

『石五訓』

一　奇形怪状無言にして能く言うものは石なり

二　沈着にして気精永く土中に埋もれて大地の骨となるは石なり

三　雨に打たれ風にさらされ寒熱にたえて悠然動かざるは石なり

四　堅質にして大厦高楼の基礎たるの任務を果すものは石なり

五　黙々として山岳庭園などに趣きを添え人心を和らぐるは石なり

本年のスナップ

平成最後の法人役員会

柏木学園高等学校が横浜薬科大学と高大連携協定を締結。坂本 司校長（右）と江崎玲於奈学長

平成31／令和元（2019）年

能力のある人間を雇用し、信頼関係を築き、しっかり仕事をさせることができるのが理想のリーダーという。

健康は笑顔から。暇なほど毒なものはない。早寝、早起き、病を知らず。

学校法人柏木学園同窓会・
柏木実業専門学校教育交流会総会

富士見パノラマリゾートにおいて
谷津弘社長(左)
柏木照正理事長(右)

令和2（2020）年

誓いの言葉

青春とは、人生のある期間を言うのではなく、心の様相を言うのである。優れた想像力、逞しき意志をいう。情熱、怯懦を却ける勇猛心、安易を振り捨てる冒険心。こういう様相を青春というのだ。

感動を受けた出会いの言葉

玉誠は常に心を広く、よく他を許し、受け入れるようにして、正しきことには意志強く、物に動じないように。

本年のスナップ

全経協会永年表彰授賞式
（柏木照正理事長）

神奈川私学新春のつどい
柏木照正理事長(左)
柏木正成教諭(右)

令和3（2021）年

豊かな自然の中で、未来の子どもたちの教育実践活動の場として研修所を活用したい。

長野富士見研修所
（令和3年5月7日開所）

富士見町教育長より「大自然の中で青少年の教育の絆を深めてほしい」という言葉をいただいた。

左）研修所の開設が長野日報に掲載された
右）右から矢島富士見町教育長、名取富士見町長、柏木学園長、柏木理事長、坂本常務理事、柏木教諭

柏木照正理事長が文部科学省より令和3年度社会教育功労者表彰を受彰した
（令和３年11月５日）

柏木照正理事長が全日本私立幼稚園連合会より永年勤続表彰（30年）を受賞した
（令和３年８月１日）

年表

年		
1929（昭和4）	11月5日	横浜市に生まれる
1946（昭和21）	6月9日	「経営経理研究所珠算研究柏木塾」創設（高座郡大和町深見2874番地）
1947（昭和22）	6月8日	「玉誠」の号を授与される
	6月9日	創立1周年記念式開催
1948（昭和23）	5月19日	神奈川県教員適格審査委員会より適格判定を受ける（各第395号）
	6月	創立2周年記念式及び珠算競技大会開催
1949（昭和24）	6月	創立3周年記念式及び、珠算大会開催
		藤沢商工会議所珠算検定試験検定委員長を委嘱される（平成6年3月退任）
	10月6日	長後珠算研究所設立
1950（昭和25）	6月11日	創立4周年記念式及び、珠算競技大会開催
1951（昭和26）	4月	藤沢市藤嶺学園女子高等学校講師となる（昭和35年退職）
	6月3日	創立5周年記念式及び珠算競技大会開催
	9月	厚木珠算研究所設立
1952（昭和27）	3月	日本大学経済学部経済学科卒業
	3月23日	平塚珠算研究所設立
	4月	相模女子大学商学部経済科講師となる（昭和28年退職）

	6月	湘南珠算連盟会長に就任（昭和48年12月退任）
	6月8日	創立6周年記念式及び、珠算競技大会開催
		平塚市会議員・書道奨励協会長田中真州先生を顧問に推載
1953	4月28日	二俣川珠算研究所設立
（昭和28）	6月	木造2階建校舎新築
	6月	日本商工会議所地方珠算技術委員を委嘱される（昭和47年5月退任）
	6月7日	創立7周年記念式及び、珠算競技大会開催
	9月30日	「柏木簿記珠算学校」設置許可申請
	10月31日	各種学校として神奈川県知事の許可を受け校長に就任
1954	6月	藤沢商工会議所簿記検定試験検定委員長を委嘱される（平成6年3月退任）
（昭和29）	6月6日	創立8周年記念式及び、珠算競技大会開催
		三ツ境珠算研究所設立
	12月	綾瀬珠算研究所設立
1955	4月	相模女子大学高等部講師となる（昭和41年退職）
（昭和30）	6月19日	創立9周年記念式及び珠算競技大会開催
1956		暁出版株式会社より、共編「珠算事典」を発行する
（昭和31）		月刊珠算界に簿記講座並びに簿記懸賞問題を執筆する
	1月15日	「学校法人柏木学園寄付行為」許可申請、下鶴間珠算研究所、高座渋谷珠算研究所設立
1957	4月	神奈川県各種学校の協会理事となる
（昭和32）	4月	日本珠算連盟理事となる（昭和55年退任）
	6月9日	創立11周年記念式及び、珠算競技大会開催
1958	6月15日	創立12周年記念式及び、珠算競技大会開催
（昭和33）		
1959	5月	社団法人全国経理学校協会代議員となる（昭和40年4月退任）
（昭和34）	6月14日	創立13周年記念式及び、珠算競技大会開催

1960（昭和35）3月25日 本校所在地　大和市深見1140番地の4に地番号変更
5月 神奈川県各種学校協会監事となる（昭和42年退任）
6月 創立14周年記念式及び、珠算競技大会開催
1961（昭和36）6月18日 創立15周年記念式及び、珠算競技大会開催
1962（昭和37）6月 全国商工会連合会中央珠算技術委員を委嘱される（平成6年3月退任）
6月 全国商工会珠算連盟常任理事となる（平成6年3月退任）
7月7日 創立16周年記念式及び、珠算競技大会開催
1963（昭和38）4月 藤沢商工技能教育振興会（昭和58年4月藤沢珠算教育親交会と改組）会長に就任（昭和63年3月退任）
6月16日 創立17周年記念式及び、珠算競技大会開催
12月 本校校長室兼応接室増築
1964（昭和39）1月 「柏木実業学校」と改称し、校長となる
7月19日 創立18周年記念式及び、珠算競技大会開催
1965（昭和40）5月 社団法人全国経理学校協会理事となる（昭和58年4月退任）
7月4日 創立19周年記念式及び、珠算競技大会開催
1966（昭和41）9月18日 創立20周年記念式開催

◆20周年記念誌ご祝辞ご芳名

内山岩太郎（神奈川県知事）　小金義照（衆議院議員）　安藤覚（衆議院議員）　木村剛輔（衆議院議員）　迫水久常（全国各種学校総連合会会長・参議院議員）　愛知揆一（国務大臣・官房長官・社団法人全国経理学校協会会長）　土屋利保（県会議員）　石井正雄（大和市長）　加藤義治（大和市議会議長）　八木保隆（大和市教育委員）　竹内敏栄（全国商工会連合会・全国商工珠算連盟会長）　兼子一郎（藤沢商工会議所会頭）　川村貫治（日本珠算連盟副会長）　佐々佐（社団法人全国経理学校理事長）　加藤一男（神奈川県各種学校協会会長）　田中真洲（書道奨励会会長）　岩本直道（元県会議員）

		高坂武次（大和市商工会会長） 荒井秀雄（湘南珠算連盟副会長・藤沢商工技能教育振興会副会長） 吉澤瀧男（同窓会会長） 間宮邦夫（創立記念事業実行委員会委員長）＝敬称略
1968（昭和43）	1月〜6月	月刊珠算会に「人生と数」について連載執筆する
1969（昭和44）	7月	神奈川県立藤沢専修職業訓練校の受託校となる
1970（昭和45）	3月	新館鉄筋コンクリート3階建落成（530㎡）
1971（昭和46）	4月	藤沢会計実務研究会会長となる（平成6年3月退任）
	7月	神奈川県警察本部長より交通モニターを委嘱される（平成5年退任）
1972（昭和47）	3月	株式会社英光社より「近代複式簿記」を著作発行する
	10月	株式会社英光社より「日商1級講座・詳説簿記会計」を青木広志と共著で発行する
1973（昭和48）	7月	本校舎新築工事着工
	8月	労働省職業安定局職業講習生受託校となる
1974（昭和49）	1月	神奈川県珠算連盟会長となる（昭和55年3月退任）
	6月	鉄筋コンクリート4階建本校舎新設落成式典挙行
	8月	大和市商業活動調整協議会委員並びに副会長を委嘱され、昭和51年9月会長を委嘱される（昭和57年8月会長並びに委員を退任）
1975（昭和50）	8月	雇用促進事業団神奈川綜合高等職業訓練校の受託校となる
	8月	厚木税務署オピニオンリーダーを委嘱される（昭和61年3月退任）
	10月18日	社団法人神奈川県各種学校会より表彰される
1976（昭和51）	4月	専修学校として許可を受け、校名を「柏木実業専門学校」と改称し校長となる（平成23年3月退職）
	5月20日	全国経理学校協会より表彰される

	10月	創立30周年記念式並びに、専門学校昇格披露祝賀会開催 ◆30周年記念誌ご祝辞ご芳名 戸沢政方（元厚生事務次官） 遠藤嘉一（大和市長） 加藤義治（神奈川県会議員・大和市商工会会長） 大島直之（藤沢商工会議所会頭） 大谷卓郎（神奈川県専修学校各種学校協会会長）
	11月18日	厚木税務署より感謝状を授与される
1977（昭和52）	2月15日	NHKテレビでソロバンの歴史を語る
	6月	学校法人鈴木学園監事に就任（平成12年3月退任）
1978（昭和53）	6月	財団法人専修学校教育振興会評議委員に委嘱され、7月理事を委嘱される（平成8年4月各々退任）
	6月16日	全国専修学校各種学校総連合会より表彰される
	7月	全国専修学校総連合会理事に委嘱される（昭和58年5月退任）
	11月18日	日本公認会計士協会より学校が感謝状を授与される
	11月19日	全国商工会連合会より表彰される
	11月22日	厚木税務署より表彰される
1979（昭和54）	2月17日	神奈川県知事より表彰される
1980（昭和55）	3月	「学校法人柏木学園」認可
	4月17日	理事・評議員に就任し理事長となる（平成24年4月理事長退任）
		地方自治体、商工団体、企業等の要請により経営分析、簿記、会計、計算実務、税務会計等に関する講演・講習を委嘱され担当している。藤沢商工会議所、大和市商工会、寒川町商工会、鎌倉商工会議所等の簿記会計講習会の講師を務めた
1981（昭和56）	3月	学校法人柏木学園　柏木実業専門学校経理事務等無料職業紹介所認可

1982（昭和57）	1月	株式会社英光社より「最新簿記会計」を著作発行する
	4月	戸板女子短期大学講師となる（平成5年3月退職）
	8月10日	神奈川県知事より私立専修学校等懇話会委員を委嘱される（昭和58年10月退任）
	11月	「学校法人柏木学園　柏木実業専門学校高等課程商業科」認可
1983（昭和58）	5月	全国経理学校協会副理事長に就任（昭和62年5月退任）
1984（昭和59）	4月	神奈川技能開発センター講師を委嘱される（昭和60年3月退任）
	5月26日	財団法人神奈川県専修学校各種学校退職基金財団より感謝状をおくられる
1985（昭和60）	2月11日	中華民国全国商業総会より感謝状を授与される
	7月1日	文部大臣より表彰される
	7月	株式会社英光社より「最新工業簿記と原価計算」羽淵・伊藤・宇野共著を監修発行する
	10月	日本簿記学会会員となる（平成19年に退会）
1986（昭和61）	5月	全国高等専修学校指定校協議会副代表幹事に就任（平成2年6月退任）
	8月	柏木実業生ハワイへ研修（4泊6日）
	10月18日	創立40周年記念式典開催　第2キャンパス新校舎落成式（大和市深見東1-1-9） ◆40周年記念誌ご祝辞ご芳名 長洲一二（神奈川県知事）　加藤義治（神奈川県会議員）　遠藤嘉一（大和市長）　遠藤直（大和市議会議長）　神山利一（大和市教育長）　坂田道太（社団法人全国経理学校協会会長 元衆議院議長）　秋葉中（社団法人全国経理学校協会理事長）　酒井治（神奈川県専修学校各種学校協会会長）　佐多宗二（全国商工会連合会会長）　秋本善幸（藤沢商工会議所会頭）　角津八郎（藤沢商工会議所専務理事）　塩谷忠男（太陽神戸銀行会長）　清水哲郎（住友銀行大和支店長）　薄井郁二（協和銀行鶴間支店長）　渡里杉一郎（株式会社東芝取締役社長）　滝川精一（キヤノン販売株式会社代表取締役社長）　寺田忠保（創立40周年記念事業実行委員会委員長）　吉澤瀧男（同窓会会長）＝敬称略
	11月	県知事より教育功労表彰を受ける

1987（昭和62）	3月5日	神奈川県大和警察より感謝状を贈られる
	4月～6月	藤沢・大和上期簿記講習会開催
	5月	全国経理学校協会理事長に就任（平成2年5月退任　現在顧問）
		全国専修学校総連合会常任理事に就任（平成16年5月退任）
		全国専修学校各種学校総連合会常任理事に就任（平成16年5月退任）
	9月～11月	藤沢・大和・座間下期簿記講習会開催
	11月	柏木実業経理本科は産能短大と教育交流をし併修校となる
1988（昭和63）	4月～6月	藤沢・鎌倉・大和上期簿記講習会開催
	4月	一橋出版株式会社より文部省検定済教科書「新計算実務上下」共編を発行する
	7月	神奈川県私立学校審議会委員に委嘱される（平成13年11月退任）
	9月～11月	藤沢・大和・座間下期簿記講習会開催
1989（平成元）	2月2日	テレビ神奈川「プロを育てる専修学校新時代」に出演
	4月～6月	藤沢・鎌倉・大和上期簿記講習会開催
	6月	社団法人神奈川県各種学校協会会長に就任（平成13年5月退任）
	6月	東海大学講師となる（平成11年3月退職）
	9月～11月	藤沢・鎌倉・大和・座間下期簿記講習会開催
	11月	文部省の専修学校への進路指導資料作成・協力者委員会に就任（平成3年3月退任）
	11月30日	テレビ神奈川「ようこそ理事長」に出演、学校が紹介される
1990（平成2）	4月	労働省委託事業専修学校の職業指導職業紹介研修委員会委員に就任（平成3年3月退任）
	4月～6月	藤沢・大和・上期簿記講習会開催
	5月	神奈川県民功労者表彰を受賞
	7月	全国高等専修学校指定校協議会代表幹事に就任（平成3年2月退任）
	8月	全経第9回海外研修団17名の団長として参加（イギリス・スイス・フランスを視察）
	9月～11月	藤沢・鎌倉・大和・座間下期簿記講習会開催

1991（平成3）	2月13日	テレビ神奈川「おしゃべりトマト」に都筑ケ丘幼稚園年長組が出演
	3月	全国高等専修学校協会会長に就任（平成16年3月退任）
	4月	横浜市都筑区に都筑ケ丘幼稚園開設
		高等課程商業科は「大和商業高等専修学校」として校名変更独立、校長に就任（平成11年3月退任）
	4月～6月	藤沢・大和上期簿記講習会開催
	8月	大和商業高等専修学校で東日本地区高等専修学校教育研究集会開催
	9月	神奈川地域リカレント教育推進審議会委員に就任（平成6年3月退任）
	9月～11月	藤沢・鎌倉・大和・座間下期簿記講習会開催
	10月16日	柏木学園創立45周年記念式典挙行
	11月17日	全国商工会連合会より表彰される
1992（平成4）	4月16日	テレビ神奈川「おしゃべりトマト・よい子のひろば」に都筑ケ丘幼稚園児が出演
	4月～6月	藤沢・大和上期簿記講習会開催
	7月	神奈川県生涯学習審議会委員に就任（平成10年6月退任）
	9月～11月	藤沢・鎌倉・大和・座間下期簿記講習会開催
	10月	全国私立学校審議会理事に就任（平成13年11月退任）
	10月	全国専門学校協会副会長に就任（平成8年9月退任）
1993（平成5）	4月	藤沢・大和上期簿記講習会開催
	6月	県私立学校教育振興会常務理事に就任（平成9年6月退任）
	8月	県社会教育委員に就任（平成10年6月退任）
	9月～11月	藤沢・鎌倉・大和・座間下期簿記講習会開催
	9月25日	日本珠算連盟より表彰される
	10月	東京国税局長より表彰される
1994（平成6）	4月	大和商工会議所珠算検定委員長を委嘱される（平成15年3月退任）
	4月	大和商工会議所簿記検定試験検定委員長に委嘱される（平成24年3月退任）

	4月～6月	藤沢・大和上期簿記講習会開催
	6月	神奈川県租税教育推進協議会委員に就任（平成13年5月退任）
	6月	県私立幼稚園退職基金財団監事に就任（令和2年6月退社）
	6月3日	テレビ神奈川「イキイキ学園ライフ」に出演、学校が紹介される
	6月～11月	藤沢・鎌倉・大和・座間下期簿記講習会開催
1995（平成7）	1月	柏木実業専門学校本科卒業生に専門士称号が付与される
	4月～6月	藤沢・大和上期簿記講習会開催
	5月	社団法人大和青色申告会監事に就任（平成29年5月退任）
	5月25日	全国青色申告会総連合会より表彰される
1996（平成8）	4月～6月	藤沢・大和上期簿記講習会開催
	8月1日	「柏木学園高等学校」開設許可
	9月～11月	藤沢・鎌倉・大和下期簿記講習会開催
	10月18日	創立50周年記念式典ならびに柏木学園高等学校落成披露

◆50年誌ご祝辞ご芳名

岡崎洋（神奈川県知事） 添田高明（神奈川県議会議長） 森喜朗（社団法人全国経理学校協会会長・衆議院議員） 藤井裕久（衆議院議員） 甘利明（衆議院議員） 斎藤文夫（神奈川県高校定時制振興会会長・参議院議員） 石渡清元（衆議院議員） 安藤博夫（神奈川県議会議員） 江田実（神奈川県議会議員） 益田駿（神奈川県議会議員） 土屋侯保（大和市長） 高下晴明（大和市議会議長） 田沼智明（神奈川県私学団体連合会委員長） 上野一郎（産能短期大学学長） 角田喜文（社団法人全国経理学校協会理事長） 堀雄一（学校法人福智学園理事長） 清水運平（財団法人神奈川県専修学校各種学校退職基金財団理事長） 岩崎幸雄（学校法人岩崎学園代表理事） 佐保田亘正（全日本私立幼稚園連合会会長・神奈川県私立幼稚園連合会会長） 久保田市郎（財団法人神奈川県私立幼稚園退職基金財団理事長） 檮木勝彦（社団法人横浜市幼稚園協会会長） 中里直己（大和商工会議所会頭） 秋本善幸（藤沢商工会議所会頭） 橋本俊作（さくら銀行頭取）

		森川敏雄（住友銀行頭取）　小森良雄（第百生命保険相互会社取締役社長）　金景熙（株式会社亜州観行代表理事・会長）　高橋俊朗（株式会社小田急トラベルリービス取締役社長）　高須敏行（日本大学名誉教授）　石井武夫（学校法人柏木学園監事）　李素楨（中国長春大学助教授・東海大学中国語講師・東亜文明研究学会副理事長）　Evelyn. Aschemmel（Heald　Business　CollegeDirector）＝敬称略
	10月18日	本部事務所を大和市深見西四丁目4番22号に移転
	10月23日	柏木実業専門学校専門課程研究科を「経営経理研究科」と改称認可
	11月3日	国より藍綬褒章を受章
1997（平成9）	4月1日	柏木学園高等学校開校
	4月〜6月	藤沢・大和・上期簿記講習会開催
	6月	財団法人神奈川県私立学校教育振興会副理事長に就任（平成13年5月退任）
	9月〜11月	藤沢・大和・座間下期簿記講習会開催
1998（平成10）	3月	柏木学園ニュース№1発行
	4月1日	柏木学園高等学校の校長に就任（平成12年3月退任）
		大和市と大規模災害時の緊急消防援助隊応援活動拠点協定締結
	4月	県立保健・医療福祉系大学整備計画策定（開学推進）委員会委員を委嘱される（平成15年3月退任）
	4月〜6月	藤沢・鎌倉・大和上期簿記講習会開催
	9月	第34回全国身体障害者スポーツ大会「かながわ・ゆめ大会」参与を委嘱される（平成11年10月退任）
	9月〜11月	藤沢・大和下期簿記講習会開催
1999（平成11）	2月	神奈川地域留学生交流推進会議の運営委員会教育環境部会委員を委嘱される（平成12年11月退任）
	4月〜6月	藤沢・鎌倉・大和上期簿記講習会開催
	4月8日	柏木学園高等学校2号館・3号館建設の竣工式及び祝賀会開催

	5月15日	柏木学園高等学校高体連に加盟
	9月〜11月	藤沢・大和下期簿記講習会開催
2000（平成12）	4月1日	学校法人柏木学園学園長を兼任
	4月〜6月	藤沢・鎌倉・大和上期簿記講習会開催
	8月	大和ハンドボール協会会長に就任（平成18年3月退任）
	11月10日	文部大臣より私立学校審議会功労者として表彰される
2001（平成13）	4月	「柏木学園総合発展計画21」第Ⅰ期事業開始（〜2003年）
	6月	神奈川県大和警察署協議会委員を委託される（平成19年6月退任）
		財団法人神奈川県専修学校各種学校退職金財団理事長に就任（平成17年退任）
	8月8日	柏木学園高等学校単位制による定時制の課程設置認可
	9月29日	創立55周年記念式典開催
	9月	年報発刊（平成12年度版）
	11月3日	国より教育功労者として勲五等雙光旭日章を受章
2002（平成14）	1月	特定非営利活動法人NPO高等専修教育支援協会理事長に就任（平成17年退任）
	3月6日	都筑ヶ丘幼稚園園舎増改築の地鎮祭を執り行う
2003（平成15）	3月8日	都筑ヶ丘幼稚園園舎竣工式・落成祝賀会が挙行される
	4月1日	都筑ヶ丘幼稚園が収容定員を225人から350人に変更
2004（平成16）	4月	「柏木学園総合発展計画21」第Ⅱ期事業開始（〜2008年）
	9月29日	柏木学園高等学校単位制による全日制の課程設置認可
2005（平成17）	4月1日	柏木学園高等学校が定時制課程総合学科を廃止し、全日制課程普通科を設置
		都筑ヶ丘幼稚園が収容定員を350人から450人に変更
2006（平成18）	9月1日	大和警察署から、感謝状が授与される
	11月17日	創立60周年記念式典並びに祝賀会開催
		◆60年誌ご祝辞ご芳名
		松沢成文（神奈川県知事） 引地孝一（神奈川県教育委員会教育長） 森喜朗（衆議院議員・元内閣総理大臣・

		社団法人全国経理教育協会名誉会長） 麻生太郎（外務大臣・衆議院議員・社団法人全国経理教育協会会長） 甘利明（経済産業大臣・衆議院議員） 鈴木恒夫（衆議院議員・元文部総括政務次官） 江田実（神奈川県議会議員） 益田駿（神奈川県議会議員） 安藤博夫（神奈川県議会議員） 土屋侯保（大和市長） 堀井基章（財団法人神奈川県私立中学高等学校協会理事長） 岩崎幸雄（社団法人神奈川県専修学校各種学校協会会長） 菅原一博（社団法人全国経理教育協会理事長） 原田雅顕（産業能率大学学長） 渡辺真一（社団法人神奈川県私立幼稚園連合会会長） 小田切修（大和商工会議所会頭） 崎木勝彦（財団法人神奈川県私立幼稚園退職基金財団理事長） 奥正之（三井住友銀行頭取） 畔柳信雄（三菱東京ＵＦＪ銀行頭取）＝敬称略
２００７（平成19）	7月19日	柏木学園高等学校通信制 総合学科を3月31日をもって廃止する事が認可される
		柏木学園高等学校通信制 情報経済科の設置が認可される
	7月20日	柏木学園同窓会開催
	8月29日	大和警察署から感謝状が授与される
	11月27日	大和商業高等専修学校 防音補助事業による校舎改築 地鎮祭
２００８（平成20）	2月26日	ドクターヘリ臨時離着陸場使用に関する申し合わせ締結
		柏木実業専門学校 経営経理研究科が文部科学省より専門士の称号を付与される（告示第11号）
	4月1日	柏木学園高等学校 全日制普通科の収容定員を２１０名から４２０名に変更する
	8月26日	柏木実業専門学校・大和商業高等専修学校の校舎改築工事 上棟式を執り行う
２００９（平成21）	2月27日	大和商業高等専修学校新校舎完成
	4月	「柏木学園総合発展計画21」第Ⅲ期事業開始（～２０１３年）
	4月1日	柏木実業専門学校が大和市深見東1-1-9に位置の変更を行う
		柏木実業専門学校の付属設備として「柏木実業専門学校研修センター」を設置する
	4月10日	柏木実業専門学校・大和商業高等専修学校の新校舎落成式を執り行う

2010（平成22）	11月10日	柏木実業専門学校研修センターの建て替えにより地鎮祭を執り行う
2011（平成23）	3月26日	柏木実業専門学校研修センター完成
		大和商業高等専修学校が、科学技術学園高等学校と技能連携を開始
		柏木学園特待生制度が創設される
	4月17日	柏木実業専門学校 研修センター落成祝賀会を執り行う
	11月1日	柏木学園高等学校 グラウンド拡張（3，283．90㎡）
	12月22日	柏木実業専門学校 医療情報学科が文部科学省より専門士称号を付与される（告示第16号）
2012（平成24）	4月	公益社団法人神奈川県私学退職基金財団評議員に就任（平成29年6月退任）
		一般社団法人神奈川県私立中学高等学校協会評議員に就任（平成29年5月退任）
		学校法人柏木学園理事長を退任し、学園長を継続する
2013（平成25）	6月25日	都筑ヶ丘幼稚園 未就園児プレ保育が開始
	9月5日	柏木学園総合体育館完成
	9月28日	総合体育館落成記念式典・記念祝賀会を執り行う
	11月	神奈川新聞社より「出会いは一生の宝」を発行する
2014（平成26）	4月	大和商工会議所監事に就任（令和2年6月退任）
		「柏木学園総合発展計画21」第Ⅳ期事業開始（～2018年）
	4月2日	柏木実業専門学校 経理本科を「情報ビジネス科」に改称
	9月7日	柏木学園高等学校のテニスコートが完成
		柏木学園総合体育館で、テレビ東京「開運！なんでも鑑定団」の1コーナー「出張！なんでも鑑定団 in 大和」収録
2015（平成27）	2月25日	柏木実業専門学校が、職業実践専門課程として文部科学省より告示される（告示第23号）
	3月1日	神奈川新聞より「出会いに感謝」を発行する
	3月24日	大和商業高等専修学校が、2014年度防犯功労者に対する県警本部長褒章を受章

	7月10日	柏木照正理事長が全国専修学校各種学校総連合会より表彰される
	11月9日	柏木照正理事長が神奈川県知事より表彰される
	11月27日	柏木学園が、大和警察署より警察活動の多年功労により感謝状を受ける
	12月11日	柏木学園が、大和市社会福祉協議会より社会福祉事業の理解により感謝状を受ける
2016（平成28）	2月29日	柏木実業専門学校 情報ビジネス科が、文部科学大臣より当該課程を修了した者が専門士と称することができる課程として告示される（告示第19号）
	3月23日	柏木学園高等学校全日制 普通科（収容定員720名）の設置が認可される
	9月12日	70周年メモリアルホール完成
		図書室移転拡充
	11月19日	新横浜プリンスホテルに於いて、70周年記念式典を挙行する ◆70年誌ご祝辞ご芳名 黒岩祐治（神奈川県知事） 桐谷次郎（神奈川県教育委員会教育長） 森正明（神奈川県議会議長） 麻生太郎（衆議院議員・第92代内閣総理大臣・公益社団法人全国経理教育協会会長） 鈴木恒夫（学校法人柏木学園理事・元衆議院議員・元文部科学大臣） 甘利明（衆議院議員） 田中和徳（神奈川県高等学校定時制通信制教育振興会会長・衆議院議員） 小此木八郎（衆議院議員） 鈴木馨祐（衆議院議員） 斎藤文夫（元参議院議員・神奈川県観光協会会長） 大木哲（大和市長） 菊池弘（大和市議会議長） 工藤誠一（一般財団法人神奈川県私立中学高等学校協会理事長） 小澤俊通（公益社団法人神奈川県私立幼稚園連合会会長）永保固紀（公益財団法人神奈川県私立幼稚園退職基金財団理事長） 木元茂（公益社団法人横浜市幼稚園協会会長） 中島利郎（公益社団法人全国経理教育協会理事長） 清水裕（一般社団法人神奈川県専修学校各種学校協会会長・学校法人清水学園理事長） 清水信一（全国高等専修学校協会会長） 宮東悠（大和商工会議所会頭） 上野俊一（学校法人産業能率大学・産業能率大学・自由が丘産能短期大学理事長） 杉下俊雄（学校法人科学技術学園高等学校理事長） 小山田隆（株式会社三菱東京ＵＦＪ銀行頭取） ＝敬称略

	12月9日	学園に横浜銀行大和支店を通して、東工株式会社様より「ＮＥＣプロジェクター一式」、「ソニーＩＣレコーダー一台」の寄贈を受ける
２０１７（平成29）	4月	柏木実業専門学校留学生入学者数１３５人（ネパール、ベトナム、スリランカ、中国、ミャンマー）
	4月1日	柏木学園高等学校通信制　情報経済科募集停止
	8月3日	学園に横浜銀行大和支店を通して、株式会社中川製作所様より「シャープ液晶テレビ一台」、「パナソニックブルーレイディスクレコーダー一台」、「テレビスタンド一台」の寄贈を受ける
	11月25日	神奈川新聞社より「学ぶ力　働く力　生き抜く力」初版発行
		新横浜プリンスホテルに於いて出版記念祝賀会を開催
２０１８（平成30）	4月	柏木実業専門学校留学生入学者数１３９人（ネパール、ベトナム、スリランカ、中国、インド、ペルー）
	5月17日	柏木学園が神奈川県警察本部長より警察活動の多年功労により感謝状を受ける
	7月20日	神奈川新聞社より「学ぶ力　働く力　生き抜く力」第2刷発行
	7月27日	学校法人柏木学園教職員と柏木学園同窓会の徽章の制定
	12月4日	柏木学園高等学校が横浜薬科大学と高大連携協定を締結
２０１９（平成31）	3月18日	柏木実業専門学校研修センターが「平成30年度公的職業訓練に関する職業訓練サービスガイドライン適合事業所」として認定される
	4月	柏木実業専門学校留学生入学者数１３４人（ネパール、ベトナム、スリランカ、中国、ペルー、インド、フィリピン）
		「柏木学園総合発展計画21」第Ⅴ期事業開始（～２０２３年）
（令和元）	4月1日	柏木学園高等学校通信制課程の廃止
	5月30日	神奈川新聞社より「学ぶ力 働く力 生き抜く力」第3刷発行
	6月18日	柏木照明学園長が全国経理教育協会より永年（60年）表彰される

２０２０（令和２）	1月24日	大和商業高等専修学校グラウンドが完成
	４月	柏木実業専門学校留学生入学者数１３７人（ネパール、ベトナム、スリランカ、中国、フィリピン、ミャンマー、ウズベキスタン）
	４月１日	「数字を使った名字（姓）の調査研究」を神奈川新聞社製作で発行
	９月17日	柏木照正理事長が全国経理教育協会より永年（30年）表彰される
	10月７日	柏木照明学園長が大和商工会議所より感謝状を受ける
２０２１（令和３）	４月	柏木実業専門学校留学生入学者数１３３人（ネパール、ベトナム、スリランカ、ウズベキスタン、中国、ミャンマー、パキスタン、インドネシア、バングラデシュ、モンゴル）
	５月７日	「学校法人柏木学園長野富士見研修所」開所
	８月１日	柏木照正理事長が全日本私立幼稚園連合会より永年勤続表彰（30年）を受賞する
	11月５日	柏木照正理事長が文部科学省より令和３年度社会教育功労者表彰を受彰する

あとがきにかえて

神奈川新聞社から「わが人生」の執筆依頼が来たのは２０１６年でした。柏木学園がちょうど70周年を迎え、私自身の人生を振り返るよい機会だと考えて、その申し出を引き受けさせていただきました。

88歳になる今年、家族が米寿のお祝いをしてくれました。これも祖先の徳のおかげだと思っています。幼少期の喘息、原因不明の大病、交通事故と生死を分けるようなことが三度もありましたが、幸いにも命をつなぐことができました。これも祖先のご加護の賜で、これまで生かされてきたことに感謝しています。

また、私の幸運は、昭和二十年終戦の年、疎開という事情だったにせよ大和に移住したこと、多くの方々との出会いに恵まれたこと、一生の仕事に巡り会えたことです。大和で健康を取り戻し、多くの方々に支えられ、私の人生を導いてくださいました。この「土地」「人々」「仕事」という3つの出会いを宝として愛してきました。

そのために、心に誓ってきたことは「感動する心」「感心する心」「感謝する心」を忘れないことでした。それが常にできているかを「自分に問う」ことを心がけてきました。

これはまた、「教育に携わる者」としての基本的な姿勢（学ぶ力、働く力、生き抜く力）に通じるものだと考えています。

青少年の教育に身を投じて70年余り、戦後の日本を実業教育の立場から見てきました。若者が自分の職業に誇りを持ち、隣人を愛し、地域を愛し、社会に貢献する姿を、これからも現役として見守っていきたいと思います。

この小書編纂にあたり、柏木学園・片野孝治氏、藤野修氏、西辻綾子氏、神奈川新聞社・菱倉昌二氏、小林一登氏、佐藤光範氏、熊倉田鶴子氏のご協力に厚く謝意を表します。感謝、感謝、感謝。

なお、第3刷は、1976（昭和51）年からの「年頭の言葉」、第4刷は、付録のページを増補しました。

本書第5刷は、教職員の写真の差替えと令和3年の「年頭の言葉」と「年表」を加えました。

柏木　照明

2022（令和4）年3月吉日

柏木学園創立80周年記念事業について

本学園は、昭和21（1946）年6月9日に「正しき職業精神を涵養する」ことを目的として「経営経理研究所珠算研究柏木塾」として開設されて以来、各種学校から専修学校へと展開し、その後幼稚園並びに高等学校を開校して、平成31年3月18日には、柏木実業専門学校研修センターが「職業訓練サービスガイドライン適合事業所」として認定されました。

本学園は、令和8（2026）年に創立80周年を迎えます。これまでに本学園にご支援いただいた多くの皆様に感謝するとともに、未来へのさらなる飛躍に願いを込めて創立80周年記念事業を開催します。

『創立80周年記念事業計画』

①日　時　令和8年11月
②会　場　横浜市内ホテル
③式　典　学園80周年の歩み・・・・映像化
④祝賀会（感謝の会）
⑤教職員永年勤続者表彰
⑥準備・実行委員会役員に感謝状
⑦記念誌発行

『準　備』

①創立80周年記念準備委員会の発足・・・令和5（2023）年
②会場の手配
③予算の策定
④その他

著者略歴

柏木　照明（かしわぎ　てるあき）　号・玉誠（ぎょく　せい）

1929年横浜市生まれ。52年に日大経済学部を卒業。46年に17歳で父と共に「経営経理研究所珠算研究柏木塾」を創設。53年に各種学校、76年に専門学校の認可を受け「柏木実業専門学校」に改称。91年に大和商業高等専修学校、都筑ケ丘幼稚園を、97年に柏木学園高等学校をそれぞれ開校し、2016年に創立70周年を迎えた。大和市在住。

著書

『珠算事典』（共編　1956年　暁出版）
『近代複式簿記』（1972年　英光社）
『日商１級講座・詳説簿記会計』（1972年　英光社）
『最新簿記会計』（1982年　英光社）
『最新工業簿記と原価計算』（監修　1985年　英光社）
『文部省検定済教科書　新計算実務上下』（共編　1988年　一橋出版）
『出会いは一生の宝』（2013年　神奈川新聞社）
『出会いに感謝』（2015年　神奈川新聞社）

わが人生14　**学ぶ力 働く力 生き抜く力**

2022年３月18日　第５刷発行

著　者　柏木　照明

印　刷　神奈川新聞社
〒231-8445　横浜市中区太田町2-23
☎045（227）0850

©Teruaki Kashiwagi 2019 Printed in Japan

本書の記事、写真を無断複製（コピー）することは、法律で認められた場合を除き、
著作権の侵害になります。
定価は表紙カバーに表示してあります。
本文コピー、スキャン、デジタル化等の無断複製は法律で認められた場合を除き
著作権の侵害になります。